개정판

그들의 윤리, 우리의 윤리

마르크스주의와 윤리

이 도서의 국립중앙도서관 출판예정도서목록(CIP)은 서지정보유통지원시스템 홈페이지(http://seoji.nl.go.kr)와 국가자료종합목록 구축시스템(http://kolis-net.nl.go.kr)에서 이용하실 수 있습니다. (CIP제어번호 : CIP2020040057)

개정판

그들의 윤리, 우리의 윤리

마르크스주의와 윤리

레온 트로츠키, 존 듀이 외 지음 | 이수현 외 옮김

책갈피

개정판
그들의 윤리, 우리의 윤리
마르크스주의와 윤리

지은이 | 레온 트로츠키, 존 듀이, 조지 노백
옮긴이 | 이수현, 천형석, 최일붕

펴낸곳 | 도서출판 책갈피
등록 | 1992년 2월 14일(제2014-000019호)
주소 | 서울 성동구 무학봉15길 12 2층
전화 | 02) 2265-6354
팩스 | 02) 2265-6395
이메일 | bookmarx@naver.com
홈페이지 | http://chaekgalpi.com
페이스북 | http://facebook.com/chaekgalpi
인스타그램 | http://instagram.com/chaekgalpi_books

초판 2017년 10월 12일
개정판 1쇄 2020년 11월 20일
개정판 2쇄 2021년 8월 25일

값 12,000원

ISBN 978-89-7966-197-2
잘못된 책은 바꿔 드립니다.

차례

일러두기

1. 인명과 지명 등의 외래어는 최대한 외래어 표기법에 맞춰 표기했다.

2.《 》부호는 책과 잡지를 나타내고 〈 〉부호는 신문, 주간지를 나타낸다. 논문은 " "로 나타냈다.

3. 본문에서 [ ]는 옮긴이가 독자의 이해를 돕거나 문맥을 매끄럽게 하려고 덧붙인 것이다. 지은이와 영어판 편집자가 덧붙인 것은 각각 [— 지은이], [— 영어판 편집자]로 표기했다.

4. 본문의 각주는 옮긴이가 넣은 것이다. 지은이와 영어판 편집자의 각주는 '— 지은이', '— 영어판 편집자'라고 표기했다.

5. 원문에서 이탤릭체로 강조한 부분은 고딕체로 나타냈다.

영어판 편집자

머리말

레온 트로츠키는 1918년부터 1921년까지 벌어진 러시아 내전 기간에 적군赤軍을 조직한 핵심 인물이다. 그때는 반혁명 세력뿐 아니라 제국주의 열강도 군사적 간섭을 통해 최초의 사회주의 혁명을 위협하고 있었다. 당시 트로츠키는 군사 분야에서 사회주의 혁명을 방어하는 가장 중요한 인물로 알려졌다.

《그들의 윤리, 우리의 윤리》에서 우리가 만나는 트로츠키는 윤리 사상의 영역에서도 유능한 투사다. 혁명적 윤리를 옹호하는 이 고전적 저작은 1930년대 당시 환멸에 빠진 지식인들을 겨냥하고 있다. 그들은 혁명적 마르크스주의에서 이탈한 자신들을 합리화하고자, 계급투쟁의 필요가 아니라 모종의 추상적 윤리관이 (더 합리적이고 인간적인 생활환경을 만들려고 노력하는 사람들의) 지도 원리가 돼야 한다고 주장했다.

1930년대에 나온 이런 주장은 결코 새로운 것이 아니었고, 이후에도 다양한 형태로 여러 번 되풀이됐다. 그러나 이후의 사태 전개는 사회주의 혁명을 이렇게 비판하는 자들을 분석한 트로츠키의 작업이 얼마나 중요했는지를 분명히 보여 준다. 트로츠키는 다음과 같은 혁명적 결론의 타당성을 강조했다. "제국주의의 만행을 완전히 그리고 최종적으로 전복할 수 있게 준비하는 것만이 윤리적이고 나머지는 아니다. 혁명의 안녕이 최고의 법이다!"

트로츠키는 《그들의 윤리, 우리의 윤리》의 첫머리에서, "반동이 승승장구하는 시대"에는 급진적 정치 경향의 대표자들과 지식인들이 퇴보한다고 지적했다. 독일에서 파시즘이 발흥한 것은 이렇게 반동이 승승장구하는 싸움의 개막전이었다. 1933년에 히틀러는 국가기구 통제권을 장악하더니 이윽고 마지막 남아 있던 노동계급 조직들을 분쇄해 버렸다(이 모든 과정에서 강력한 독일 공산당과 사회민주당은 이렇다 할 저항 한 번 하지 못했다).

히틀러가 승리하자 파시즘의 위협은 전 세계 민중에게 당면한 현실이 됐다. 각국 공산당과 사회당은 파시즘의 위협에 맞서는 방어 조처로 자유주의적 부르주아 정당들과 연합하는 노선을 옹호했다. 실천에서 이 정책은 노동자 조직들을 부르주아 조직들에 종속시키는 것으로 이어졌다. 인민전선은 1930년대 중반에 프랑스 노동자들의 혁명적 염원을 무산시켰다. 그러나 인민전선 정책의 비극적 결과가 가장 참담하게 나타난 곳은 바로 스페인이었다. 스페인의 혁명적 노동자와 농민은 자신들의 지도부가 방해한 탓에 권력을 장악하지 못했고, 파시즘의 위협을 결정적으로 제거하는 데 실패했다. 트로츠키가 《그들의 윤리, 우리의 윤리》를 쓰고 있던 1938년 무렵 프랑코는 스페인 공화국을 반으로 쪼개고 있었다. 파시즘의 완전한 승리가 코앞에 닥친 것이다.

공산주의인터내셔널과 소련이 지도력을 발휘해 주기를 바란 수많은 사람들은 스탈린이 소련의 노동계급 내 [좌익]반대파를 억압하는 조처들을 보고 방향감각을 상실했다. 1930년대 중반 무렵 반대파의 유명 인사들은 거의 모두 스탈린의 비밀 정치경찰[게페우]에 의해 유배·투옥되거나 살해당했다. 1935년 이후 스탈린은 소련 전역에서 주기적 숙청을 자행했다. 이 공포정치는 1936년 8월 스탈린이 1차 모스크바 재판을 벌였을 때 공식 정책 수준으로 격상됐다. 당시 피고인 중에는 지노비예프·카메네프·스미르노프 같은 볼셰비키 지도자도 있었다. 이 재판에 이어서 1937년 1월에는 2차 모스크바 재판이 벌어졌는데, 이때는 퍄타코프·라데크·무랄로프 등이 피고인이었다. 1938년 3월에는 부하린과 리코프 같은 유명한 볼셰비키뿐 아니라 1차 모스크바 재판을 진두지휘한 게페우의 우두머리 야고다도 법정에 섰다.

이 마지막 재판 쇼를 두고 무솔리니는 "스탈린이 파시즘에 훌륭한 기여를 했다"고 말했다(*Il Popolo d'Italia*). 왜냐하면 스탈린이 러시아 혁명의 지도부를 죄다 쓸어버렸기 때문이다. 1937년에 스탈린은 이렇게 반동에 기여하는 짓을 마무리하면서, 총사령관 투하첸스키를 비롯한 적군 지도부를 총살했다. 이때는 심지어 공개재판의 시늉조차 하지 않았다. 이런 짓은 다른 모든 유럽 열강들이 급속히 재무장을 하고 있던 바로 그때 최초의 노동자 국가를 군사적으로 약화시켰다.

여론 조작용 모스크바 재판의 가장 중요한 표적은 트로츠키와 그의 아들 레온 세도프였다. 스탈린이 뒤집어씌운 혐의에 대해 세계 여론 앞에서 답변할 기회를 트로츠키에게 주고자, 유명한 미국 철학자 존 듀이를 위원장으로 하는 조사 위원회가 구성됐다. 이 위원회는 멕시코에서 청문회를 열어 사건과 관련된 증거를 모두 검토했다. 듀이 위원회는 날조된 혐의들이 증거가 없다는 것을 쉽게 밝혀냈다. 그러나 이 혐의들은 소련 국가의 자료로 뒷받침됐고 모든 주요국의 유력한 정치 세력들은 비굴하게 그 혐의들을 인정했다.

그사이에 점차 이런 사건들의 배경이 되는 제2차세계대전이 임박하고 있었다. 히틀러가 독일을 급속히 재무장시키자 반사적으로 유럽과 미국에서는 애국적 정서가 고조됐다. 트로츠키와 그가 이끄는 운동은 파시즘과 임박한 세계대전에 모두 맞서는 노동계급의 동원을 계속 촉구했다. 그러나 트로츠키주의 운동은 거의 고립돼 있었다. 급진적 지식인들은 (전에는 트로츠키와 러시아 혁명을 옹호했지만) 이제 혼란에 빠졌다.

시드니 후크, 맥스 이스트먼, 빅토르 세르주, 보리스 수바린 같은 인물들은 이미 레닌주의를 부정하기 시작했다. 그들이 지나온 길이 모두 똑같지는 않았지만 그래도 어떤 공통점은 있었다. 급진화가 고양되는 시기에 마르크스주의 사상을 지지하고 대중화했지만 "반동이 승승장구하는" 시기에 혁명적 운동의 사기를 떨어뜨리는 주요 전달 벨트 구실을 했다는 점이다. 1938년 무렵에는 그들의 이중적 구실 가운데 부정적 측면이 우세하다는 것이 분명해졌다. 트로츠키는 이런 "전염병을 옮기는 자들"에게 양보하기보다는 "대부르지아지뿐 아니라 프티부르주아지의 철학과도 단호하고 철저하고 확고하게 단절할 것"을 요구했다.

1930년대에 환멸에 빠진 지식인들 가운데 소수를 제외한 나머지는 모두 제2차세계대전 때 자국의 제국주의 정부를 지지했다. 후크와 이스트먼 같은 일부 사람들은 자유주의에서 보수주의로 전향했다. 이것은 그들의 도덕주의가 "혁명에서 반동으로 건너가는 다리"라는 트로츠키의 평가가 옳았음을 보여 주는 두드러진 사례였다.

혁명적 마르크스주의와 결별하는 과정에서 그들은 스탈린주의가 볼셰비즘에서 자라난 것일 뿐이라고 주장했다. 스탈린이 날조한 조야한 혐의에 맞서 트로츠키를 옹호했든 안 했든 간에 옛 트로츠키주의자들과 옛 스탈린주의자들은 모두 사회민주주의자나 자유주의자와 꼭 마찬가지로 모스크바 재판을 이용해서 "스탈린주의의 경찰 윤리와 볼셰비키의 혁명적 윤리"를 동일시했다. 볼셰비키 가운데 살아남은 유명 인사가 트로츠키뿐이었는데도 말이다.

트로츠키가 마지막 망명지인 멕시코에서 쓴 《그들의 윤리, 우리의 윤리》는 이런 혐의와 비난에 대한 답변이다. 이 글을 완성한 직후에 트로츠키는 레온 세도프가 죽었다는 사실을 알았고, 그래서 이 글을 세도프 영전에 바쳤다. 소련의 〈반대파 소식지〉에 처음 실린 《그들의 윤리, 우리의 윤리》는 1938년 6월에는 《뉴 인터내셔널》에도 실렸다. 이 글을 비판하는 사람들에게 응수하고자 트로츠키는 16개월 뒤에 "마르크스주의에 반대하는 도덕주의자들과 아첨꾼들"을 썼다. 그런 비판 중에는 빅토르 세르주가 《그들의 윤리, 우리의 윤리》를 프랑스어로 번역한 책자에 실린 소개글도 있다(이 책의 부록에는 그 소개글뿐 아니라 세르주가 [이 소개글을 쓰지 않았다고] 부인하는 글과 이에 대한 트로츠키의 답변도 실려 있다). 이번 판에서는 트로츠키의 두 글 번역문에서 발견된 사소한 잘못들을 바로잡았다.

1938년 8월《뉴 인터내셔널》에 존 듀이의 글 "수단과 목적"이 실렸지만, 트로츠키는 긴급한 정치적 과제들 때문에 이 글에 답변하지 못했다. '레온 트로츠키를 옹호하는 미국 위원회'의 전국 간사를 지낸 마르크스주의 학자 조지 노백이 이와 관련된 논쟁점들을 살펴보고 최신 상황도 다룬 글 "자유주의 윤리"는《인터내셔널 소셜리스트 리뷰》1965년 가을 호에 처음 실렸다.

1973년 7월 데이비드 샐너

그들의 윤리, 우리의 윤리

레온 트로츠키

윤리적 악취

반동이 승승장구하는 시대에는 민주주의자, 사회민주주의자, 아나키스트 같은 '좌파' 진영의 대표적 인물들마저 평소보다 갑절은 심한 윤리적 악취를 풍기기 시작한다. 공포에 눌린 사람이 식은땀을 갑절이나 더 흘리는 것과 비슷하다. 이 도덕주의자들의 설교는 십계명이나 산상수훈을 달리 말한 것에 지나지 않으며, 승승장구하는 반동이 아니라 반동의 박해로 신음하는 혁명가들을 겨냥하고 있다. 혁명가들이 "극단"적이고 "도덕관념이 결여된" 원칙을 지닌 탓에 반동을 "유발"하고 반동 세력에게 도덕

독자의 이해를 돕기 위해 생소한 인물·단체·간행물을 146~154쪽에 소개했다.

적 명분마저 안겨 준다고 말이다. 이에 덧붙여 반동을 예방할 단순하지만 확실한 처방도 내놓는다. 스스로 분발해서 윤리적 쇄신을 이루는 것만이 남았다고 말이다. 언론들은 너나없이 달려들어 이들이 열망하는 윤리적 완성의 본보기를 제시한다.

이런 기만적이고 주제넘은 설교의 바탕을 이루는 계급은 프티부르주아 지식인이다. 그 정치의 토대는 다가오는 반동을 마주한 이들의 무능과 혼란이다. 그 심리의 토대에는 예언자의 수염으로 변장해 자신들의 열등감을 떨치려는 노력이 있다.

윤리적 설교를 일삼는 속물들이 즐겨 쓰는 방식은 반동적 행동과 혁명적 행동의 차이를 무시하는 것이다. 그들의 방식은 형태가 유사하다는 점을 드는 것이다. 이들에게 차리즘과 볼셰비즘은 쌍둥이다. 마찬가지로 파시즘과 공산주의도 쌍둥이다. 이 목록에 따르면 가톨릭교회, 더 구체적으로 예수회의 교리와 볼셰비즘 사이에도 공통점이 있다. 히틀러와 무솔리니도 제 딴에 바로 이 방법을 활용해 자유주의, 민주주의, 볼셰비즘은 모두 동일한 악惡이 다르게 발현되는 것일 뿐이라고 선언한다. 요즘에는 스탈린주의와 트로츠키주의가 '본질적으로' 똑같다는 생각을 자유주의자, 민주주의자, 독실한 가톨릭 교인, 이상주의자, 실용주의자, 아나키스트, 파시스트 가릴 것 없이 모두 받아들인다. 스탈린주의자들이 이런 '인민전선'에 가담할 수 없다면 그 이유는 오직 어쩌다 트로츠키주의자들을 때려잡는 데 정신이

팔려 있기 때문이다.

이처럼 어림짐작으로 유사성을 찾는 방식의 기본 특징은 다양한 경향들의 물질적 토대(즉 계급적 본질)와 객관적·역사적 구실을 철저히 무시하는 것이다. 그 대신 겉으로 보이는 몇몇 부차적 양상에 따라, 가장 흔하게는 분류자 자신에게 특별하고 특정한 가치가 있는 이런저런 추상적 원리를 기준 삼아 다양한 경향들을 평가하고 분류한다. 그래서 가톨릭 교황에게는 프리메이슨이나 다윈주의자나 마르크스주의자나 아나키스트나 모두 쌍둥이다. 무엄하게도 모두 무염시태를* 부정하니 말이다. 히틀러에게는 자유주의와 마르크스주의가 쌍둥이다. 둘 다 '피와 명예'를** 무시하기 때문이다. 민주주의자에게는 파시즘과 볼셰비즘이 쌍둥이다. 둘 다 보통선거권 앞에 머리를 조아리지 않기 때문이다. 이런 사례는 얼마든지 들 수 있다.

앞서 말한 경향들 사이에 공통점이 일부 있는 것은 분명하지만, 문제의 핵심은 인류 발전의 종착지가 보통선거권도 '피와 명예'도 무염시태 교리도 아니라는 것이다. 역사적 과정이란 무엇보다 계급 사이의 투쟁을 뜻한다. 더욱이 계급투쟁에서 여러 계급은 목적이 서로 다른데도 비슷한 수단을 사용하기도 한다. 기

---

* 무염시태 성모마리아의 원죄 없는 잉태.

** 피와 명예 나치 청소년 조직 히틀러유겐트의 표어.

본적으로 그럴 수밖에 없다. 전투에 나선 군대라면 대칭 전력을 갖추기 마련이다. 맞대응할 전투 수단이 없다면 서로 일격을 가할 수조차 없지 않겠는가?

프롤레타리아와 부르주아지 사이에 벌어지는 투쟁의 원인과 의미를 이해하지 못하는 무지한 농민이나 소상인이 양대 계급 사이에 끼어 옴짝달싹 못 하게 되면, 두 적대 진영을 모두 혐오하게 될 것이다. 그렇다면 이 민주적 도덕주의자들은 다 어떤 사람들인가? 양대 계급 사이에 끼어 이러지도 저러지도 못하거나 그렇게 될까 봐 두려워하는 중간층의 공론가들이다. 이런 유형의 예언자들이 주로 보이는 특징은 거대한 역사적 운동과 거리 두기, 완고한 보수적 사고방식, 독선적 편협성, 미숙하기 짝이 없는 정치적 소심함이다. 가장 가관인 것은 이 도덕주의자들이 자신들의 보잘것없는 책이나 잡지, 그 독자들, 상식, 틀에 박힌 윤리 기준에 안주하도록 역사가 자신들을 내버려 두기를 바란다는 점이다. 그러나 역사는 그들을 내버려 두지 않는다. 역사는 한 번은 왼편에서, 한 번은 오른편에서 그들의 머리를 후려친다. 그렇다. 혁명과 반동, 차리즘과 볼셰비즘, 공산주의와 파시즘, 스탈린주의와 트로츠키주의는 모두 '쌍둥이'다. 이것이 의심스럽다면 이 도덕주의자들의 머리 왼편과 오른편에 솟아난 혹을 만져 보면 될 것이다.

마르크스주의의 도덕관념 결여와 영원한 진리

볼셰비키의 '도덕관념 결여'를 겨냥하는 가장 흔하고 가장 눈에 띄는 비난은 볼셰비즘이 이른바 "목적은 수단을 정당화한다"는 예수회의 좌우명을 받아들인다고 전제한다. 여기서부터 그 다음 결론으로 나아가는 것은 조금도 어렵지 않다. 트로츠키주의자도 다른 볼셰비키(또는 마르크스주의자)와 마찬가지로 윤리적 원칙들을 인정하지 않는다. 그러므로 결국 트로츠키주의와 스탈린주의 사이에 '원칙'의 차이는 없다. 증명 끝.

완전히 통속적이고 냉소적인 어떤 미국인은 볼셰비즘의 윤리를 두고 다달이 설문 조사를 했다. 그 설문은 모든 설문 조사가 그렇듯 윤리적 목적뿐 아니라 선전의 목적도 있었다. 탁월한 공상과학소설 작가이지만 그 상상력 못지않게 엄청난 자기만족에 빠진 허버트 조지 웰스는《커먼 센스》의 반동적 속물들과 연대하는 데 주저하지 않았다. 이런 자들은 제자리를 찾아간 셈이므로 상관없다. 그런데 볼셰비즘을 방어해야 한다고 생각한 사람들조차 별다를 게 없었다. 대부분 소심하게 얼버무리며 마찬가지로 행동했다(맥스 이스트먼이 대표적이다). 즉, 마르크스주의의 원칙들은 물론 형편없지만 볼셰비키 중에는 괜찮은 사람도 있다는 식으로 말이다. 정말이지 이런 '아군'은 적군보다 더 위험한 법이다.

우리가 '본색이 드러난 양반들'에게 진지하게 응수하려면 우선 다음과 같이 묻게 된다. 당신들 자신의 윤리적 원칙은 무엇인가? 그들은 좀처럼 대답할 수 없을 것이다. 당장은 개인적 목적이든 사회적 목적이든 목적은 수단을 정당화할 수 없다고 쳐보자. 그렇다면 역사적 사회 바깥에 있고 사회가 발전하는 가운데 등장한 목적들과 무관한 판별 기준을 찾아내는 일이 명백히 필요하다. 그런데 어디서 찾아낼 것인가? 지상에 없다면 천상에 있을 것이다. 예부터 종교 지도자들은 신의 계시에서 완전무결한 윤리적 기준을 찾아냈다. 변변찮은 세속의 지도자들은 영원한 도덕적 진리를 설교하면서도 그 진리의 원천을 밝히지는 않는다. 그러니 다음과 같이 결론지어도 무방할 것이다. 이 진리는 영원불멸하기 때문에 지구에 초기 인류가 등장하기 전은 물론 태양계가 진화하기 전부터 존재해야 마땅하다고 말이다. 그렇다면 이 진리는 어디서 솟아났는가? 영원한 윤리라는 가설은 신에게 기대지 않고는 유지될 수 없다.

앵글로·색슨계 윤리학자들은 스스로 합리적 공리주의(부르주아 회계의 윤리일 뿐이다)에 머물지 않는 한, 알게 모르게 앤서니 섀프츠베리의 제자이기 마련이다. 섀프츠베리는 윤리적 판단이 궁극적으로 인간에 잠재한 특수한 '도덕성'에서 비롯한다고 봤다. 18세기 초에 말이다! 초계급적 윤리는 필연적으로 특수한 실체, 즉 '도덕성', '양심', 모종의 절대자(소심하게 신을 철학으로 위장한 것과 다를 바 없는)를 인정하기 마련이다. '목적'과 분리된 윤리, 다시 말해 사회와 분리된 윤리는 그 유래가 영원한 진리이든 '인간 본성'이든 간에 결국 일종의 '자연신학'일 뿐이다. 천국은 여전히 변증법적 유물론에 맞선 군사작전의 유일한 요새다.

19세기 말 러시아에 생겨난 '마르크스주의' 학파(표트르 스트루베, 니콜라이 베르댜예프, 세르게이 불가코프 등)는 마르크스의 사상에 자기 완결적인, 다시 말해 초계급적인 도덕률을 보태려 했다. 당연히 이들의 출발점은 칸트와 정언명령이었다. 그런데 이들의 종착지는 어디였는가? 스트루베는 크림반도에서 [소비에트 정부에 맞서 내전을 일으킨] 브란겔 남작의 장관을 지내다 은퇴했고 그 뒤 교회의 충직한 양이 됐다. 불가코프는 러시아정교회의 사제다. 베르댜예프는 여러 언어로 《요한계시록》을 해설하고 있다. 언뜻 보면 의아한 이런 변신을 '슬라브계 영혼'으로 설명할 수는 없다. 스트루베의 영혼은 독일계가 아닌가? 러시아가 사회적 투쟁에 휩쓸린 것으로 이해하는 수밖에 없는 것이다. 이런 변신을 낳은 흐름은 본질적으로 국제적이다.

고전 철학의 관념론은 당시에 윤리를 종교적 속박에서 해방해 세속화하려 했다는 점에서 거대한 진보였다(헤겔이 대표적이다). 그런데 천국을 뿌리친 윤리학은 지상에 뿌리를 내려야 했다. 이 뿌리를 발견하는 것은 유물론의 몫이었다. 섀프츠베리가 가고 다윈이, 헤겔이 가고 마르크스가 나타났다. 이제 와서

'영원한 도덕적 진리'에 기대는 것은 역사의 수레바퀴를 거꾸로 돌리는 일이다. 철학적 관념론은 종교에서 유물론으로, 그 반대로 유물론에서 종교로 넘어갈 때 지나치는 단계일 뿐이다.

"목적은 수단을 정당화한다"

16세기 전반기에 개신교를 저지하려고 조직된 예수회는, 떠도는 말과 달리 가톨릭교회의 승리라는 '목적'을 이룰 수만 있다면 가톨릭 윤리의 관점에서 죄가 되는 아무 수단이나 허용할 수 있다고 결코 가르치지 않았다. 그 자체로 모순되고 심리적으로도 터무니없는 이런 교리를 악의적으로 예수회에 덮어씌운 것은 자신들이야말로 목적을 위해서라면 수단을 가리지 않은 개신교와 몇몇 가톨릭 내부의 반대자들이었다. 예수회 신학자들은 다른 교파의 신학자들과 마찬가지로 개인의 책임을 중요시했으며, 실제로는 수단 그 자체는 중요한 문제가 아닐 수 있고 어떤 수단이 윤리적으로 정당한지 아닌지 판단하는 근거는 그 목적이라고 가르쳤다. 따라서 총을 쏘는 행위 자체는 옳다 그르다 말할 수 없지만, 아이를 물려고 덤벼드는 미친개를 쏘는 것은 선행이고 가해나 살인을 목적으로 쏘는 것은 악행인 것이다. 예수회 신학자들은 이렇게 뻔한 얘기를 했을 뿐이다.

실천적 윤리만 보면 예수회는 다른 수도사나 가톨릭 사제보다 못하기는커녕 더 뛰어났다. 적어도 더 일관되고 대담하고 통찰력이 있었다. 예수회는 전투적이고 철저히 중앙집중적이고 공세적인 조직이었으며, 적뿐 아니라 동맹에게도 위협적이었다. '영웅적' 시기의 예수회는 생각하고 활동하는 방식이 여느 사제들과 분명히 달랐는데, 예수회가 기독교 전사戰士라면 여느 사제들은 교회에서 물건을 파는 장사꾼에 비길 만했다. 둘 중 하나를 이상화할 이유는 없지만 열광적 전사를 우둔하고 나태한 장사꾼의 눈으로 바라보는 것은 얼토당토않다.

순전히 형식적·심리적 유사성만 따진다면 볼셰비키는 온갖 경향의 민주주의자나 사회민주주의자와 다를 바 없어 보인다고 말할 수 있다. 예수회도 교회의 안온한 성직자 계층과 다를 바 없이 보인 것처럼 말이다. 그러나 혁명적 마르크스주의자에 견주면 사회민주주의자나 중간주의자는 머저리이거나 의사 곁의 돌팔이 주술사다. 그들은 문제가 닥치면 철저하게 검토하지 않고 주술의 힘이나 믿으면서 소심하게 회피한다. 기적을 바라는 것이다. 사회주의 사상에서 기회주의자가 안온한 장사꾼이라면 볼셰비키는 불굴의 전사다. 이 때문에 역사적 조건에서 비롯하는 수많은 결함에서 자유롭지 않으면서도 볼셰비키가 지닌 장점은 단 하나도 없는 자들이 볼셰비키를 증오하고 비방한다.

그런데 볼셰비즘과 예수회 이념을 대비하는 것은 여전히 순전하게 일면적이고 표면적이다. 역사적 성격의 대비가 아니라 비유적 대비일 뿐이다. 예수회와 개신교는 저마다 토대가 되는 계급의 성격과 이해관계를 좇아서, 예수회는 반동을 대표했고 개신교는 진보를 대표했다. 결국 이 '진보'의 한계는 개신교 윤리에서 곧장 드러났다. 개신교가 '정화'한 그리스도 교리는 도시 부르주아인 루터가 봉기한 농민을 "미친개"라고 부르면서 처형을 촉구하는 데 아무런 걸림돌이 되지 않았다. 루터는 명백히 "목적은 수단을 정당화한다"고 생각했다. 심지어 이 경구가 예수회의 것으로 여겨지기도 전에 말이다. 결국 예수회는 개신교와 경쟁하면서 갈수록 부르주아 사회의 정신에 순응했으며, 자신들이 섬기던 세 가지 서원, 즉 청빈·정결·순명 중에서 순명順命만을 유지했고 그마저 매우 희석됐다. 기독교적 이상에서 바라본다면 예수회의 윤리는 예수회가 본래 모습에서 벗어날수록 타락했다. 교회의 전사는 교회의 관료가 됐고 관료가 모두 그렇듯 그저 그런 사기꾼이 됐다.

예수회 이념과 공리주의

이렇게 간단히 검토해 봐도 "목적은 수단을 정당화한다"는 '예수회'의 원칙과 더 고차원적으로 보이는 또 다른 윤리(이 윤리에서는 '수단'마다 진열 상품에 붙은 가격표처럼 윤리적 표지가 달려 있다)가 정말로 서로 대립한다고 여기는 것이 얼마나 어리석고 편협한 생각인지 충분히 알 수 있을 것이다. 기이하게도 앵글로·색슨 속물들의 상식은 '예수회'의 원칙에는 분개하면서도 (영국 철학의 특징인) 공리주의 윤리에서는 기어코 영감을 얻어 내는 것이다. 그런데 제러미 벤담과 존 스튜어트 밀의 "최대 다수의 최대 행복"이라는 윤리 기준은 최고의 목적인 공공의 복리를 가져오는 수단이 윤리적이라는 뜻이다. 따라서 앵글로·색슨 공리주의는 일반적인 철학적 정식화에서 "목적은 수단을 정당화한다"는 이른바 '예수회'의 원칙과 완전히 일치한다. 알다시피 경험론은 수지타산에만 관심이 있다.

다윈이 설파한 '진화' 사상을 특별한 묘약처럼 자신의 경험론에 도입한 허버트 스펜서는 윤리 영역에서 일어나는 진화는 '감각'에서 '이념'으로 나아간다고 가르쳤다. 감각은 당장의 쾌락이라는 기준을 제시하는 반면, 이념은 미래의 지속적이고 더 고상한 쾌락이라는 기준으로 인간을 인도한다. 따라서 이번에도 윤리적 기준은 '쾌락'과 '행복'이다. 그런데 이 기준의 내용은 '진화'가 도달한 수준에 따라 그 폭과 깊이가 달라진다. 이처럼 스펜서도 '진화론적' 공리주의의 방법을 써서 "목적은 수단을 정당화한다"는 원리가 비윤리적인 것마저 포괄하지는 않음을 보여 줬다.

그런데 이 추상적 '원리'에서 해도 되는 것과 해서는 안 되는 것, 즉 실천 문제의 해답을 구하는 것은 어리석다. 게다가 "목적은 수단을 정당화한다"는 원리는 당연히 다음과 같은 의문을 품게 만든다. 그렇다면 목적의 올바름은 어떻게 판단하는가? 역사적 운동처럼 실생활에서도 목적과 수단은 끊임없이 자리를 바꾼다. 제작 중인 기계는 제조의 '목적'이지만 그 기계가 공장에 도입되면 '수단'이 될 수 있다. 민주주의는 특정 시기에 계급투쟁의 '목적'이지만 나중에는 계급투쟁의 '수단'으로 바뀔 수 있다. 이른바 '예수회'의 원칙이 비윤리적인 것을 포괄하지 않더라도 윤리 문제를 해결하지는 못한다.

스펜서의 '진화론적' 공리주의도 해답을 주지 못하고 중도에서 멈추기는 마찬가지다. 왜냐하면 이 이론은 구체적이고 역사적인 윤리를, 다윈을 좇아 생리적 필요나 군집 동물의 특징인 "사회적 본능"으로 용해해 버리려 하기 때문이다. 더욱이 윤리관 자체가 적대적 환경에서, 즉 계급으로 분열된 사회에서만 형성되기 때문이다.

부르주아 진화론이 역사적 사회라는 문턱에서 무기력하게 주저앉는 이유는 사회형태가 진화하는 원동력, 바로 계급투쟁을 인정하고 싶지 않기 때문이다. 윤리는 이 투쟁에서 이데올로기 구실을 한다. 지배계급은 자기 계급의 목적을 사회 전체에 강요하며 그 목적과 대립하는 수단은 모두 비윤리적인 것으로 여기도록 사회를 길들인다. 이것이 기성 윤리가 주로 하는 구실이다.

기성 윤리는 "최대 다수의 최대 행복"을 이상으로 삼는다고 하지만 다수가 아니라 소수, 그조차 날로 그 수가 줄어드는 소수의 행복을 추구한다. 이런 체제가 강제에만 의존했다면 한 주도 버티지 못했을 것이다. 이 체제는 윤리라는 접합제가 필요하다. 이 접합제를 만드는 일이 친중간계급 이론가와 윤리학자라는 직업이다. 이들은 각기 달라 보여도 결국에는 예속과 굴종의 사도일 뿐이다.

"누구나 지켜야 할 윤리적 원칙"

모세, 그리스도, 무함마드로 돌아가고 싶지 않은 사람이라면, 이도 저도 아닌 잡동사니로는 성에 차지 않는 사람이라면, 윤리가 사회 발전의 산물이고 변하지 않는 윤리는 없다는 것을 인정해야 한다. 또, 윤리는 사회적 이해관계에 봉사하고, 이런 이해관계는 서로 대립하며, 윤리도 다른 형태의 이데올로기와 마찬가지로 계급적 성격이 있다는 것을 인정해야 한다.

그런데 기본적인 윤리적 원칙은 존재하지 않을까? 인류가 발전하면서 집단생활의 필수 요소로 삼은 기본적 원칙은 존재하지 않을까? 당연히 그런 원칙은 존재하지만, 그것이 적용되는 방식은 지극히 제한적이고 유동적이다. "누구나 지켜야 할" 원칙은 계급투쟁이 첨예해질수록 그 힘이 약해진다. 계급투쟁이 가장 고양된 순간인 내전기에는 적대계급 사이의 도의적 유대가 모두 허공으로 흩어진다.

'평상'시에 '평범'한 사람들은 "살인하지 말라!"는 계명을 준수한다. 그런데 예외적 상황에서 자신을 보호하기 위해 불가피하게 저지른 살인은 법정에서 죄가 되지 않는다. 고의로 타인의 목숨을 빼앗은 살인자는 법정에서 사형을 선고받는다. 법정이 필요한 것은 정당방위 개념이 필요한 것과 마찬가지로 대립하는 이해관계가 존재하기 때문이다. 국가의 경우 평화로운 시기에는 합법적 살인[사형 제도]에 스스로 한정하지만 전쟁의 시기가 되면 "살인하지 말라!"는 의무적 계명을 정반대의 계명으로 바꾸고 만다. 평상시에는 전쟁을 '혐오'하던 가장 '인도적'인 정부들도 전쟁이 벌어지면 자국 군대의 지상 과제는 가능한 많은 사람을 몰살하는 것이라고 선포한다.

이른바 "보편적으로 인정되는" 윤리적 원칙은 본디 그 성격이 추상적이다. 다시 말해 막연하다. 이 원칙은 인간이 모두 사회의 일원이기 때문에 인간의 행위는 특정한 공통 규범의 구속을 받는다는 점을 표현할 뿐이다. 이 규범을 최고로 일반화한 것이 칸트의 '정언명령'이다. 그런데 이 명령이 철학의 신들이 사는 세계에서 높은 자리를 차지하고 있는 것은 사실이지만, 절대적 명령은 아무것도 담고 있지 못하다. 구체적인 것을 담고 있지 않기 때문이다. 정언명령은 껍질만 있을 뿐 내용이 없다.

누구나 지켜야 할 규범의 이런 공허함은 사람들이 모든 결정적 문제에서 '사회'적 소속감보다 계급적 소속감을 훨씬 더 강렬하고 친숙하게 느낀다는 사실에서 비롯한다. 사실 '의무적' 윤리 규범은 계급적(즉, 적대적) 내용으로 가득하다. 윤리 규범은 "누구나 지켜야 할" 것이 아닐수록 더욱 절대적 규범이 된다. 노동자 연대, 특히 파업 노동자나 바리케이드 투사의 연대는 인류 전체의 연대보다 훨씬 더 '절대적'이다.

부르주아지는 계급의식이 프롤레타리아보다 훨씬 더 철저하고 비타협적이다. 그래서 자기 계급의 윤리를 피착취 대중에게 강요하는 데 큰 관심을 기울인다. 바로 이런 목적 때문에 부르주아 교리문답의 구체적 규범은 종교, 철학, '상식'이 설교하는 윤리적 관념 이면에 은폐돼 있다. [부르주아지가] 추상적 규범에 매달리는 것은 사심 없는 철학적 실수가 아니라 계급적 기만술의 필수 요소다. 이 오래된 기만을 폭로하는 것이 프롤레타리아 혁명가의 첫째 과제다.

민주주의 윤리의 위기

지배계급은 중요한 문제에서 자신의 이해관계를 관철하려면 부차적 문제에서는 양보할 수밖에 없다. 물론 수지 타산을 따져 수용 가능한 선에서 말이다. 특히 제1차세계대전이 벌어지기 전 몇십 년 동안 자본주의가 급격히 팽창하던 시기에 이런 양보는 적어도 프롤레타리아의 최상층에게는 완전히 사실이었다. 당시 공업은 거의 끊임없이 팽창했다. 문명국가들이 번영을 누리면서 노동 대중의 일부도 번영을 누렸다. 민주주의가 굳건히 자리 잡은 듯했다. 노동자 조직들이 성장했다. 동시에 개혁주의 경향도 힘을 얻었다. 계급 갈등은 적어도 겉으로 보기에는 완화됐다. 그래서 민주주의 규범이나 계급 협조 관행과 더불어 사회관계에 관한 특정하고 기본적인 윤리적 원칙이 확립됐다. 사회가 어느 때보다 자유롭고 정의롭고 인간적이라는 생각이 자라났다. 끊임없는 진보가 '상식'처럼 여겨졌다.

그런데 전쟁이 발발하고 사회적 격변, 경제 위기, 참사, 전염병, 잔혹한 사건이 잇따랐다. 인류의 경제생활은 곤경에 빠졌다. 계급 적대는 노골적이고 첨예해졌다. 민주주의의 안전밸브들은 차례차례 열리기 시작했다. 기본적인 윤리적 원칙은 민주주의 제도와 개혁주의적 환상보다 훨씬 취약한 것임이 드러났다. 거짓말, 중상, 부정부패, 탄압, 살인이 전례 없이 늘어났다. 이 당혹스러운 사건들은 어안이 벙벙한 얼간이에게는 모두 전쟁의 일시적 결과처럼 보이지만 실제로는 제국주의적 타락을 뜻했고 지금도 그렇다. 자본주의의 타락은 현대 사회의 타락인 동시에 그 법과 도덕의 타락이기도 하다.

제국주의적 타락의 '종합'은 파시즘이다. 파시즘은 제국주의 시대의 난관에 봉착해 부르주아 민주주의가 파산한 직접적 결과다. 부유한 상층 자본주의 국가들에만 민주주의의 자취가 여전히 남아 있다. 그러나 영국, 프랑스, 네덜란드, 벨기에의 '민주주의자'들은 적지 않은 식민지를 노예처럼 부린다. 미국 민주주의는 '60대 가문'이 좌지우지한다. 더욱이 모든 민주주의 국가에서 파시즘이 등장해 빠르게 성장하고 있다. 스탈린주의도 결국 후진적이고 고립된 노동자 국가에 가해진 제국주의 압력의 산물로, 파시즘의 거울상이라 할 수 있다.

이상주의적 속물들(물론 그중 으뜸은 아나키스트다)이 저마다 마르크스주의의 "도덕관념 결여"를 꾸준히 비난하는 동안, 산업별노동조합회의CIO의 존 L 루이스에 따르면 미국의 대기업들은 혁명적인 "도덕적 해이"에 실질적으로 대항하려고 정탐, 노동자 매수, 조작, 청부 살인에 해마다 8000만 달러나 쓴다. 정언명령은 승리를 위해서라면 때때로 우회로를 마다하지 않는다!

공정하게 말하자면 가장 진실한 동시에 가장 편협한 이 친중간계급 윤리학자들은 오늘도 여전히 이상화한 과거의 추억 속에 살고 과거로 돌아가고 싶어 한다. 그들은 윤리가 계급투쟁의 작용임을 이해하지 못한다. 민주주의 윤리가 자유주의적·진보적 자본주의 시대의 윤리라는 것도 이해하지 못한다. 계급투쟁의 심화가 최근 국면에 이르러서는 명백하고 되돌릴 수 없이 이런 윤리를 파괴했다는 것도, 그리고 그 자리에 한편에는 파시즘의 윤리가 다른 한편에는 프롤레타리아 혁명의 윤리가 들어섰다는 것도 이해하지 못한다.

'상식'

제국주의의 피해자는 민주주의와 "보편적으로 인정되는" 윤리만이 아니다. 세 번째로 수난을 겪는 것은 '보편적' 상식이다. 상식은 가장 초보적 형태의 지성이며 어떤 조건에서도 필요할 뿐 아니라 특정 조건에서는 충분하기까지 하다. 상식을 이루는 기본 내용은 보편적 경험에서 비롯한 기초적 결론들이다. 손을 불에 대지 말 것, 가능한 돌아가지 말고 곧장 나아갈 것, 사나운 개를 건드리지 말 것 등등이 있다. 사회 환경이 안정된 때에는 상식만으로도 흥정하고, 화해하고, 글을 쓰고, 노동조합을 이끌고, 의회에서 표결하고, 결혼하고, 자손을 늘리는 일을 하기에 부족함이 없다. 그런데 바로 그 상식을 주어진 한계를 넘어 더 복잡한 일반화에 적용하려는 순간, 상식은 특정 계급과 특정 시대의 편견이 축적된 것일 뿐임이 드러난다. 상식은 그저 자본주의가 경제 위기에 빠지기만 해도 난관에 봉착한다. 혁명,

반혁명, 전쟁처럼 거대한 격변이 닥치면 상식은 완전히 쓸모없음이 드러난다. 상황이 왜 '평상'시와 완전히 다르게 진행되는지 이해하려면 더 높은 수준의 지성이 필요하다. 이것을 철학적으로 표현한 것은 아직까지 변증법적 유물론뿐이다.

대단히 수려한 글솜씨로 '상식'을 그려 내는 데 탁월한 맥스 이스트먼은 변증법에 맞선 투쟁을 자신의 직업으로 삼았다. 이스트먼은 상식이라는 보수적 잡담을 훌륭한 솜씨로 버무린 뒤 이를 진지하게 "혁명의 과학"으로 여긴다. 그는 《커먼 센스》를 따르는 반동적 속물들 편에 서서, 트로츠키가 마르크스주의 원리가 아니라 상식을 따랐더라면 권력을 잃는 일도 없었으리라는 놀라운 확신을 설명하느라 여념이 없다. 이스트먼에게는 지금까지 모든 혁명에서 피할 수 없는 결정적 국면마다 모습을 드러낸 내면의 변증법이 존재하지 않는다. 그가 보기에 반동이 혁명을 밀어낸 것은 혁명가들이 상식을 충분히 따르지 않은 탓이다. 이스트먼은, 스탈린이 차지한 권력이 볼셰비즘에 적대적인 목적에 봉사한다는 점에서 스탈린이야말로 역사적 의미에서 상식(즉 상식의 무능함)의 희생양임을 이해하지 못한다. 반면 마르크스주의 원리를 따르는 우리는 지체 없이 테르미도르 관료 일당과 결별하고 국제사회주의라는 목적에 변함없이 복무할 수 있었다.

"혁명의 과학"을 포함해 과학은 모두 경험을 통해 검증된다.

반혁명이 세계를 휩쓰는 상황에서 혁명적 권력을 유지하는 법을 이스트먼이 잘 안다고 하니, 그가 권력을 장악하는 법도 알고 있으리라는 희망을 품게 된다. 마침내 그가 그 비결을 밝힌다면 큰 도움이 될 것이다. 특히 **혁명 정당을 위한 강령 초안** 형식으로 "권력을 장악하고 유지하는 비결"이라는 제목의 글을 쓴다면 금상첨화일 것이다. 그런데 안타깝게도 이스트먼은 그런 위험한 일을 하지 않을 것이다. 상식적으로 생각해도 어림없는 일이기 때문이다. 그리고 이번에는 상식이 맞을 것이다.

가엾게도 이스트먼이 결코 이해하지 못한 마르크스주의 원리 덕분에 우리는 특정한 역사적 조건에서 소련에서 필연적으로 테르미도르 반동이* 일어나 온갖 범죄행위를 저지를 것임을 예견할 수 있었다. 마찬가지로 마르크스주의 원리는 오래전에 부르주아 민주주의와 그 윤리의 몰락이 불가피하다고 예측했다. 반면 '상식'의 신봉자들은 파시즘과 스탈린주의를 전혀 예상하지 못한 채 맞닥뜨렸다. 상식은 모든 것이 변하는 세계에서 변함없이 중요한 걸로 여겨지지만, 변증법은 모든 현상·제도·규범을 그 탄생·발전·쇠퇴 속에서 이해한다. 윤리를 계급투쟁의 부차적이고 일시적인 부산물로 바라보는 변증법적 태도는

---

* 테르미도르 반동 프랑스 혁명력으로 테르미도르 9일, 곧 1794년 7월 27일에 일어난 반혁명 쿠데타다. 트로츠키와 그가 이끈 좌익반대파는 스탈린의 권력 장악을 테르미도르 반동에 비유했다.

상식이 보기에는 '도덕관념 결여'일 것이다. 그러나 상식의 윤리만큼 구태의연하고 편협하고 자기만족적이고 회의적인 것도 없으리라!

도덕주의자와 게페우

볼셰비키의 '도덕관념 결여'에 반대하는 운동을 벌이려면 모스크바 재판이야말로 기회였다. 그런데 그런 반대 운동은 곧바로 벌어지지는 않았다. 진실은 이 도덕주의자들이 대부분 직간접적으로 소련 정부의 친구라는 것이다. 그래서 그들은 모스크바 재판을 보고 경악했지만 오랫동안 그것을 숨겼고 심지어 별일 아니라는 식으로 굴었다.

그러나 모스크바 재판은 결코 우연한 사건이 아니었다. 굴종, 위선, 공권력의 거짓 예찬, 뇌물 등 갖가지 부패가 이미 1924~1925년에 모스크바에서 번성하기 시작했다. 미래의 사법 살인은 세계가 보는 앞에서 공공연히 준비됐다. 눈만 뜨고 있다면 수많은 조짐을 볼 수 있었다. 그렇지만 소련 정부의 '친구'들은 아무것도 알고 싶어 하지 않았다. 당연하다. 이 신사 양반들은 대부분 10월 혁명이 일어났을 때는 완강하게 혁명을 반대하더니 소련이 테르미도르 반동으로 변질해 가자 소련의 친구가

된 자들이다. 서방의 친중간계급 민주주의자들은 동방의 중간계급적 관료에게서 동병상련의 처지를 본 것이다.

이들은 모스크바 재판의 기소 내용들을 정말 믿었을까? 우둔한 자들은 그랬겠지만 나머지 사람들도 굳이 진실을 밝혀 근심거리를 만들고 싶어 하지 않았다. 소련 대사들처럼 비위를 맞춰주고 편하고 씀씀이도 후한 친구와 관계가 틀어지는 게 현명한 일은 아닐 테니까 말이다. 더욱이 경솔하게 진실을 밝혔다가는 소련의 위신에 손상을 입힐 수도 있다.(이런 건 잊어버리지도 않는다!) 이들은 공리주의적 고려에 따라 범죄를 은폐했다. 다시 말해 "목적은 수단을 정당화한다"는 원리를 공공연히 적용했다.

때마침 스탈린주의 테미스가* 걸친 법복의 속을 살피다가 순리에 눈을 뜨고 만 스탈린의 호위 무사 데니스 프릿은 이 뻔뻔한 구실을 가장 먼저 자임한 자다. 소련 출판사 재무 담당자들 사이에서 도덕적 권위가 무척 높은 로맹 롤랑은 서둘러 선언문 하나를 발표했는데, 그 내용은 우수에 젖은 서정에 무기력한 냉소를 보탠 것이었다. 프랑스 인권동맹은 볼셰비키가 1917년에 프랑스와 맺은 군사동맹을 깨[고 제1차세계대전에서 빠져나가]자 "레닌과 트로츠키의 도덕관념 결여"에 화풀이를 했지만, 1936년에는 프랑스와 소련이 [나치 독일에 맞서] 맺은 군사협정을 옹호하려

---

* 테미스 그리스신화에 나오는 정의의 여신.

고 스탈린의 범죄를 가리기에 급급했다. 애국이라는 목적이 아무 수단이나 정당화하는 것이다. 〈네이션〉과 《뉴 리퍼블릭》은 소련과 나눈 '우정' 덕분에 권위를 누리고 있어서 겐리흐 야고다가 모스크바 재판에서 한 활약을 못 본 척했다. 1년 전만 해도 이 신사 양반들은 스탈린주의와 트로츠키주의가 한통속이라고 결코 말하지 않았다. 이들은 노골적으로 스탈린을 편들었다. 스탈린의 현실주의, 스탈린의 정의, 스탈린의 야고다를 지지했다. 그들은 할 수 있는 한 끝까지 이런 태도를 고수했다.

미하일 투하쳅스키, 이오나 야키르 같은 장군들이 처형되기 전까지 민주주의 국가들의 대부르주아지는 소련에서 혁명가들이 처형되는 것을 내심 기뻐하면서도 겉으로는 질색하는 체하면서 지켜봤다. 월터 듀런티와 루이스 피셔 같은 타락한 글쟁이들은 물론 〈네이션〉과 《뉴 리퍼블릭》도 같은 이유로 '민주적' 제국주의의 이해관계에 맞장구를 쳤다. 소련에서 장군들이 처형되자 부르주아지는 불안해졌다. 스탈린의 관료 기구가 계속해서 해체되다가는 히틀러, 무솔리니, 일본 천황을 이롭게 하리라는 생각이 들 수밖에 없었다. 〈뉴욕 타임스〉는 조심스러우면서도 꾸준하게 논조를 수정하기 시작했다. 파리의 〈르 탕〉은 소련의 실상을 일부나마 밝히는 칼럼들을 실었다. 프티부르주아 도덕주의자와 아첨꾼은 자본가계급에 굽신거리며 추종하는 무리에 지나지 않았다. 게다가 존 듀이가 이끄는 국제조사위원회가 평결을 발표하자, 조금이라도 생각이 있는 사람이라면 누가 보기에도 이제는 게페우를 공개적으로 변호했다가는 정치적·윤리적으로 파산할 수 있음이 명백해졌다. 그제야 모스크바의 '친구'들은 영원한 도덕적 진리를 신의 주관에 맡기기로 마음먹었다. 다시 말해 2선 참호로 후퇴한 것이다.

겁에 질린 스탈린주의자와 반反스탈린주의자가 도덕주의자로 변신하는 것은 어려운 일이 아니다. 유진 라이언스는 스스로 볼셰비키나 다름없다고 생각하면서 수년 동안 테르미도르 도당과 허물없이 지냈다. 물론 그는 (우리가 보기에는 사소한 이유로) 소련 정부와 결별하면서 곧바로 관념론의 구름 사이로 올라가 버렸다. 리스턴 오크는 최근까지도 코민테른의 신임을 받으면서 스페인 공화정을 영어로 선전하는 임무를 맡고 있었다. 그런데도 자신의 임무를 그만두더니 아무 거리낌 없이 마르크스주의의 기초도 내팽개쳤다. 소련 바깥에서 활동하던 발터 크리비츠키는 게페우와 관계를 끊자마자 부르주아 민주주의 진영으로 자리를 옮겼다. 명백히 이것도 노쇠한 샤를 라포포르의 변신과 다르지 않다. 스탈린주의를 내팽개친 이런 종류의 사람들(꽤 많다)은 자신들의 이상에 대한 환상이 깨지고 그 실상이 드러나자 추상적 윤리라는 가설에서 보상을 구할 수밖에 없다. "코민테른이나 게페우에서 높은 자리에 있던 당신들이 어째서 부르주아 진영으로 옮겨 갔는가?" 하고 그들에게 묻는다면 재빨리 다음과 같이 답할 것이다. "트로츠키주의라고 해서 스탈린주의와 다를 바 없다."

정치라는 체스판 위의 양상

"트로츠키주의는 혁명적 낭만주의인 반면 스탈린주의는 현실정치다." 어제까지만 해도 뻔한 속물들이 반혁명 테르미도르 도당과의 우정을 정당화하려고 이 진부한 대립을 내세웠지만 오늘날에는 그 자취마저 찾을 수 없다. 트로츠키주의와 스탈린주의는 일반적으로 더는 대립하지 않고 동일하다는 것이다. 그러나 형태가 같을 뿐이지 본질이 같은 것은 아니다. 민주주의자들은 '정언명령'이라는 정점으로 되돌아간 뒤에도, 위장술이 더 교묘해지고 배신이 더 대담해졌다는 점을 제외하면 사실상 여전히 게페우를 옹호하고 있다. 희생자를 헐뜯는 자들이 사형집행인을 돕고 있는 것이다. 이 경우도 다른 경우처럼 윤리가 정치의 하수인 노릇을 하고 있다.

민주주의 속물과 스탈린주의 관료는 쌍둥이는 아닐지라도 속내는 같은 형제다. 더 중요한 것은 이들이 정치적으로 같은 편이라는 것이다. 프랑스와 스페인 공화정의 현 정부 체계의 바탕은 스탈린주의자, 사회민주주의자, 자유주의자 사이의 협력이다(스페인은 아나키스트도 포함된다). 영국 독립노동당이 함부로 대접받는 것처럼 보인다면 이 당은 수년 동안 코민테른의 품 안에서 벗어난 적이 없기 때문이다. 프랑스 사회당에서 트로츠키주의자 당원이 쫓겨난 것은 바로 사회당이 스탈린주의자들과 합당을 준비하던 때였다. 합당이 물 건너간 것은 원칙의 차이 때문이 아니라(그들 사이에 무슨 차이가 남았겠는가?) 사회민주주의 출세주의자들이 자리 보전에 두려움을 느꼈기 때문이다. 노먼 토머스는 스페인에서 돌아와 트로츠키주의자들은 "객관적으로" 프랑코를 돕고 있다고 말했지만, 그 우스꽝스러운 주관적 견해로 그는 "객관적으로" 게페우의 사형집행인을 도와줬다. 이 정의로운 자는 게페우가 소련과 스페인에서 '트로츠키주의자'들을 총살할 때 자기 당에서 미국인 '트로츠키주의자'들을 추방했다. 많은 민주주의 국가에서 스탈린주의자들은 자신들의 '도덕관념 결여'에도 불구하고 국가기구에 스며드는 데 성공했다. 노동조합에서는 또 다른 종류의 관료들과 사이좋게 지냈다. 정말이지 스탈린주의자들은 형법을 너무 가벼이 여겨서 평화 시에는 '민주주의적' 친구들을 놀라서 뒷걸음치게 만든다. 그러나 스페인에서 보듯이 예외적 상황이 닥치면 어김없이 프롤레타리아에 맞서는 프티부르주아지의 지도자가 된다.

제2인터내셔널과 암스테르담인터내셔널은 당연히 이런 매도와 속임수에 직접 나서지는 않았다. 코민테른에 맡기면 되는 일이니 말이다. 이들은 입을 다물고만 있었다. 이들은 '윤리적' 관점에서는 스탈린에 반대하지만 정치적 관점에서는 스탈린을 지지한다고 넌지시 설명했다. 프랑스에서 인민전선이 돌이킬 수 없이 붕괴하고 사회당의 미래가 암울해지고 나서야, 레옹 블룸은 잉크병 바닥에서 도덕적 분노를 표현하는 데 필요한 문구를 찾았다.

만일 오토 바우어가 안드레이 비신스키의 재판을 온건하게 비판한다면 그것은 더욱 폭넓은 '공정함'으로 스탈린의 정치를 지지하기 위해서일 뿐이다. 바우어는 최근 글에서 사회주의의 운명은 소련의 운명과 연결돼 있다고 말했다. 이어서 다음과 같이 말했다. "그리고 소련의 내적 발전이 스탈린주의적 발전 국면을 극복하지 못하는 동안에는(!) 소련의 운명은 스탈린주의의 운명에 달려 있다." 바우어의 모든 것, 오스트리아 마르크스주의* 모든 것, 사회민주주의의 상습적 거짓말과 타락이 빠짐없이 이 놀라운 문장으로 요약된다. 즉, 스탈린주의 관료들이 "내적 발전"의 진보적 대변자들을 살해할 만큼 힘이 있는 "동안에는" 바우어는 스탈린과 결별하지 않는다. 그런데도 혁명적 세력이 스탈린을 타도하면 그제야 바우어는 "내적 발전"을 너그러이

* 오스트리아 마르크스주의 오토 바우어와 빅토르 아들러가 이끈 오스트리아 사회민주당의 개혁주의 정치 이론.

인정할 것이다. 기껏해야 10년쯤 미뤄진 것일 뿐이니까 말이다.

낡은 인터내셔널들 다음으로는 중간주의자들로 이뤄진 런던사무국이 뒤를 따라 걷는다. 유치하고 미숙하고 무능하기 짝이 없는 채로 흉겹게 따라간다. 런던사무국 의장 페너 브록웨이는 모스크바 재판을 조사하면 "소련에 해를 입힐 수 있다"고 선언하더니, 그 대신 트로츠키의 숙적 다섯 명으로 이뤄진 "초당적" 위원회를 꾸려 트로츠키의 정치 행적을 조사하자고 제안했다. 하인리히 브란들러와 제이 러브스톤은 공개적으로 야고다와 연대했다. 그들은 오로지 니콜라이 예조프만 멀리했다. 야코프 발허는 뻔한 거짓 핑계를 대면서 존 듀이가 이끄는 국제조사위원회 앞에서 스탈린에게 불리한 증언을 하기를 거부했다. 그들의 부패한 윤리를 낳은 것은 그들의 부패한 정치일 뿐이다.

그런데 가장 실망스러운 구실을 한 자들은 아나키스트다. 그들이 글을 쓸 때마다 단언하는 대로 스탈린주의와 트로츠키주의가 한통속이라면, 스페인 아나키스트들은 어째서 트로츠키주의자뿐 아니라 혁명적 아나키스트한테도 앙갚음하는 스탈린주의자들을 돕는가? 그나마 솔직한 아나키스트 이론가는 이렇게 대답한다. 무장을 하려면 대가가 필요하다고 말이다. 즉, 목적이 수단을 정당화한다. 그런데 이들의 목적은 무엇인가? 아나키즘인가? 사회주의인가? 둘 다 아니다. 파시즘이 성공하도록 길을 닦은 바로 그 부르주아 민주주의를 구제하려는 것일 뿐이다. 형편없는 목적에는 형편없는 수단이 어울린다.

이것이 세계 정치라는 체스판 위에 올라선 인물들의 실제 양상이다!

스탈린주의는 낡은 사회의 산물이다

러시아는 역사상 가장 거대한 도약을 이뤘다. 그 가운데서 러시아의 가장 진보적인 세력이 모습을 드러냈다. 현재의 반동 아래서는 러시아 사회의 후진성이 반격에 나서고 있다. 혁명의 물결이 거셌던 만큼 반동의 물결도 거세다. 스탈린주의가 바로 이런 반동의 화신이다. 새로운 사회적 토대 위에 올라선 오랜 러시아 역사의 야만성이 더욱더 역겨워 보이는 이유는 역사상 전례 없는 위선으로 자신을 감출 수밖에 없기 때문이다.

러시아 혁명으로 자신들의 부패한 사상을 의심받을 수밖에 없던 서방의 자유주의자와 사회민주주의자는 이제 새로운 용기를 얻게 됐다. 소비에트 관료들의 윤리적 부패는 이들에게 자유주의의 부활을 알리는 것처럼 보였다. 뻔하고 진부한 말들이 조명받기 시작한다. "모든 독재는 타락하기 마련이다", "민주주의만이 개성의 발전을 보장한다" 등등. 이 경우처럼 사회주의를 비난하면서 부르주아 체제를 옹호하는 맥락이 아니더라도, [일반적으로] 민주주의와 독재를 대립시키는 것은 이론의 관점에서 보자면 그 무지함과 뻔뻔함에 놀랄 지경이다. 역사적 현실인 스탈린주의라는 오물이 민주주의와 대립한다니 이는 초역사적 추상일 뿐이다. 더욱이 민주주의의 역사도 수많은 오물로 가득하다. 소비에트 관료제를 묘사하려고 우리가 빌린 용어인 '테르미도르'와 '보나파르티즘'은* 모두 부르주아 민주주의 역사에서 나온 것이다. 왜일까? 멍청한 자유주의 이론가들에게 이 점은 짚고 넘어가야겠다. 민주주의는 결코 민주적 방식으로 탄생하지 않았기 때문이다. 보나파르티즘이 자코뱅주의의 "친자식"이라는 둥, 민주주의를 침해한 데 따른 역사적 형벌이라는 둥의 얘기를 늘어놓는 데 만족하는 것은 통속적 사고방식일 뿐이다. 자코뱅파가 봉건제를 응징하지 않았더라면 부르주아 민주주의는 생각조차 할 수 없었을 것이다. 자코뱅주의, 테르미도르, 보나파르티즘이라는 구체적 역사 단계들을 '민주주의'라는 이상화된 추상에 대립시키는 것은 출산의 고통을 태어난 아기와 대립시키는 것만큼이나 어처구니없는 일이다.

---

* 보나파르티즘 1852년 프랑스의 루이 나폴레옹 보나파르트 체제를 분석하며 마르크스가 쓴 용어. 1848년 혁명 패배 뒤에 여전히 사회적 위기가 심각한 상황에서 노동자와 자본가가 서로 상대를 제압하지 못하고 팽팽하게 맞서자, 정치적 공백을 틈타 루이 나폴레옹이 투쟁하는 계급들을 초월한 존재로 행세하며 독재를 구축했다.

스탈린주의는 '독재'라는 추상적 개념이 아니라 낙후하고 고립된 나라의 프롤레타리아 독재에 대한 거대한 관료적 반동이다. 10월 혁명은 특권을 폐지했고, 사회 불평등과 전쟁을 벌였고, 관료제를 노동하는 사람들의 자치로 대체했고, 비밀외교를 폐지했고, 모든 사회관계를 완전히 투명하게 만들고자 전력을 다했다. 스탈린주의는 가장 역겨운 특권들을 부활시켰고, 불평등을 심화해 원성을 샀고, 대중의 자주적 활동을 경찰 독재로 억압했고, 행정을 크렘린 과두제의 전유물로 탈바꿈했고, 권력 숭배를 절대왕정조차 꿈꾸지 못한 형태로 되살려 냈다.

모든 형태의 사회적 반동은 그 실제 목적을 감출 수밖에 없다. 혁명에서 반동으로 변화가 더 급격할수록 반동은 혁명의 전통에 더 큰 영향을 받는다. 다시 말해, 대중에 대한 두려움이 클수록 반동은 혁명의 대변자들을 상대로 싸우면서 상습적 거짓말과 날조에 더욱 기댈 수밖에 없다. 스탈린주의의 날조는 볼셰비키의 '도덕관념 결여'가 낳은 결과가 아니다. 결코 그렇지 않다. 역사상 중요한 사건이 모두 그렇듯 이 날조는 구체적인 사회적 투쟁에서 비롯한 것이며 그중에서도 가장 배신적이고 극악한 투쟁의 산물이다. 대중의 힘으로 권력에 오른 신귀족이 대중을 상대로 벌이는 투쟁인 까닭이다.

정말이지 어처구니없을 정도로 지적·윤리적으로 둔감하고 태만하지 않고서는 볼셰비키의 혁명적 윤리와 스탈린주의의 반동적 치안의 윤리를 동일시할 수 없다. 레닌의 당은 오래전에 사라졌다. 국내의 어려움과 세계 제국주의 사이에서 산산조각이 났다. 그 자리에 들어선 스탈린주의 관료제는 제국주의의 압력을 전달하는 기제다. 이 관료제는 세계적 차원에서 계급투쟁을 계급 협력으로, 국제주의를 사회애국주의로 대체했다. 관료들은 집권당을 반동의 목적에 걸맞도록 바꾸기 위해 혁명가들을 처형하고 출세주의자들을 영입함으로써 당원 구성을 '물갈이'했다.

반동이 승리하면, 혁명이 쓰러뜨렸지만 완전히 없애지 못한 역사적 과거의 요소들이 부활하고 만연하고 강화된다. 스탈린주의는 민주주의 사회도 포함한 모든 계급사회에서 통제의 기제를 이루는 온갖 부정하고 야만적이고 비열한 방법을 가장 첨예하고 극단적이면서도 우스꽝스러운 방식으로 사용하고 있다. 스탈린주의는 옛 러시아의 흉물들이 가장 사악하고 역겨운 모습으로 한데 엉겨 붙은 것이다. 낡은 사회의 대변자들이 민주주의라는 앙상한 추상과 스탈린주의라는 부패를 지고의 윤리를 따라 비교한다면, 우리는 이들과 낡은 사회를 향해 아무런 거리낌 없이 다음과 같이 말할 수 있다. 너희는 소비에트 테르미도르라는 엉터리 거울에 비췄을 때나 멀쩡하게 보인다고 말이다. 물론 게페우의 범죄는 다른 체제와 비교해 훨씬 더 적나라하다. 그렇지만 이것은 제국주의적 타락의 영향으로 러시아를 뒤흔드는 사건들의 강도가 어마어마하게 센 탓이다.

윤리와 혁명

자유주의자와 급진주의자 중에는 사태를 유물론적으로 이해하는 방법을 받아들이고 자신을 마르크스주의자로 생각하는 개인이 적지 않다. 그러면서도 그들은 여전히 부르주아 언론인, 교수, 정치가로 살아간다. 물론 윤리의 영역에서도 유물론적 방법은 볼셰비키 견해의 핵심이다. 그러나 유물론적 방법은 단지 사태를 이해하는 데 필요할 뿐 아니라 프롤레타리아 혁명 정당을 건설하는 데도 필요하다. 부르주아지와 그들의 윤리로부터 완전히 독립하지 않고서는 이 과업을 달성할 수 없다. 그런데 실제로는 부르주아적 여론이 오늘날 미국의 윌리엄 그린, 프랑스의 레옹 블룸과 모리스 토레즈, 스페인의 후안 가르시아 올리베르에 이르는 공식 노동자 운동을 완전히 지배한다. 현 시기 반동의 특징은 이런 사실에서 가장 분명하게 드러난다.

혁명적 마르크스주의자는 부르주아적 여론과 프롤레타리아 내부의 그 대리인들과 윤리적으로 결별해야만 자신의 역사적 임무를 시작할 수 있다. 그러려면 집회에서 "히틀러 타도!", "프랑코 타도!"를 외치는 것과는 다른 수준의 도덕적 용기가 필요하다. 볼셰비키가 이처럼 대부르주아지뿐 아니라 프티부르주아지의 보수적 윤리학과도 단호하고 철저하고 확고하게 단절하자, 말뿐인 민주주의자와 응접실의 예언자, 막후교섭의 영웅이 모두 경악을 금치 못한다. 그들이 볼셰비키의 '도덕관념 결여'를 비난하는 것은 바로 이 때문이다.

그들이 부르주아 윤리와 윤리 '일반'을 동일시한다는 사실을 가장 분명하게 보여 주는 사례는 아마도 프티부르주아지 극좌파, 정확히는 이른바 런던사무국의 중간주의 정당들일 것이다. 이 조직이 프롤레타리아 혁명이라는 강령을 '인정'하기 때문에 우리와 이들의 차이는 얼핏 부차적으로 보일 수 있다. 실제로는 그런 '인정'은 의미가 없다. 아무것도 하게 만들지 못하기 때문이다. 이들은 칸트주의자들이 정언명령을 인정했듯이 프롤레타리아 혁명을 '인정'한다. 일상생활에 적용할 수 있는 것으로서가 아니라 고귀한 원칙으로서 인정하는 것이다. 이들은 현실 정치에서는 혁명의 최악의 적들(개혁주의자와 스탈린주의자)과 연합해 우리를 상대로 싸운다. 이들의 사고는 모두 표리부동과 거짓에 물들어 있다. 중간주의자들이 시류를 좇아 직접 범죄에 가담하지 못한다면 그 이유는 오로지 늘 정치의 주변부에 머물러 있기 때문이다. 다시 말해 이들의 역사적 구실은 소매치기 조직으로 치면 한낱 바람잡이일 뿐이다. 그래서 자신들이 할 일은 새로운 윤리로 노동자 운동을 혁신하는 것이라고 생각한다.

이런 '좌파' 가운데 가장 왼쪽에는 〈노이어 베크〉라는 신문을 발행하는 정치적으로 대단히 하찮은 소규모 독일인 망명자 집단이 있다. 이들이 볼셰비키의 도덕관념 결여를 고발한 '혁명적' 기소장에 귀 기울여 보자. 〈노이어 베크〉는 속내를 감추고 찬양하는 듯한 문투로 볼셰비키는 다른 당과 달리 위선적이지 않은 것이 장점이라고 주장한다. 볼세비키는 다른 당이 은밀하게 채택한 원칙, 즉 목적은 수단을 정당화한다는 원칙을 공개적으로 선언한다는 것이다. 그런데 〈노이어 베크〉의 판결에 따르면 그런 "부르주아적" 원칙은 "건전한 사회주의 운동"과 양립할 수 없다고 한다. "레닌도 내내 고민했듯이 속임수와 그보다 더한 짓들은 투쟁 수단으로 허용될 수 없다." 여기서 "내내"라는 단어의 의도는 명백하다. 레닌이 자신의 오류를 극복하지 못했고 이는 그가 〈노이어 베크〉를 만날 때까지 살지 못했기 때문이라는 것이다.

"속임수와 그보다 더한 짓들"이라는 문구에서 "그보다 더한 짓들"은 분명 폭력, 살인 등을 가리킨다. 다른 조건이 동일하다면 폭력은 속임수보다 나쁘고 살인은 폭력 가운데 가장 극단적인 행위니까 말이다. 따라서 결론은 속임수, 폭력, 살인은 "건전한 사회주의 운동"과 양립할 수 없다는 것이다. 그렇다면 혁명은 어찌 되는가? 내전은 모든 전쟁 중에서 가장 가혹한 전쟁이다. 현재의 방식으로는 제3자에 대한 폭력을 동반하지 않는 내전은 고사하고 노인과 아이의 죽음을 동반하지 않는 내전도 상상하기 힘들다. 스페인을 떠올려야 하지 않을까? 스페인 공화정의 '친구'들이 할 수 있는 유일한 대답은 다음과 같을 것이다. 내전이 파시스트의 노예가 되는 것보다 낫다. 그런데 이 완전히 올바른 대답은 단지 특정 조건에서는 목적(민주주의나 사회주의)이 폭력과 살인 같은 수단을 정당화한다는 뜻일 뿐이다. 속임수는 말할 것도 없다! 속임수를 쓰지 않는 전쟁은 연료를 쓰지 않는 기계만큼 얼토당토않다. 심지어 의회 회의(1938년 2월 1일)를 파시스트의 폭격으로부터 보호하기 위해 바르셀로나 정부는 수차례 교묘하게 언론과 자신의 주민마저 속였다. 다른 방법이 있었을까? 프랑코에 대한 승리라는 목적을 인정하는 사람이라면 참사와 범죄가 뒤따르는 내전이라는 수단도 인정하는 수밖에 없다.

그럼에도 속임수와 폭력은 '그 자체로' 비난받아 마땅하지 않은가? 물론이다. 그러나 그렇다면 속임수와 폭력을 낳는 계급사회도 비난받아야 마땅하다. 사회 모순이 없는 사회라면 당연히 속임수와 폭력이 없을 것이다. 그런데 그런 사회로 가는 다리를 놓으려면 혁명적 수단, 즉 폭력적 수단 말고는 방도가 없다. 혁명 자체가 계급사회의 산물이고 어쩔 수 없이 계급사회의 특징을 지닌다. '영원한 진리'라는 관점에서 본다면 혁명은 당연히 '윤리와 대립'된다. 그러나 이것은 이상주의적 윤리가 반혁명적

이라는 사실, 즉 착취자에 봉사한다는 사실을 뜻할 뿐이다.

아마 당황한 철학자는 다음과 같이 대답할 것이다. "그렇지만 내전은 서글픈 예외다. 평화로운 시기에는 건전한 사회주의 운동이라면 폭력과 속임수를 사용해서는 안 된다." 이런 대답은 그야말로 한심하게 얼버무리는 것이다. "평화로운" 계급투쟁과 혁명 사이에는 확고한 경계가 없다. 모든 파업은 내전의 온갖 요소를 맹아적 형태로 담고 있다. 양측은 상대에게 자신의 투쟁 결의와 물적 자원을 과장하려 애쓴다. 자본가는 언론과 끄나풀, 첩자를 동원해 파업 노동자들을 겁주고 사기를 꺾으려 애쓴다. 자본가 편에서 보면 노동자들의 피케팅은 설득이 먹히지 않자 물리력에 의지하는 것일 수밖에 없다. 따라서 "속임수와 그보다 더한 짓들"은 가장 기초적인 계급투쟁에서조차 투쟁의 불가피한 일부다. 게다가 진실과 거짓이라는 개념 자체가 사회 모순에서 탄생했다.

혁명과 인질 제도

스탈린은 조작된 혐의를 들어 자신의 정적을 처단한 뒤에 그 자식들마저 가두고 총살한다. 스탈린이 야고다와 예조프의 무오류성에 감히 의문을 던진 소련 외교관들을 강제 귀국시킬 수 있는 것은 가족을 인질로 삼는 제도 덕분이다. 〈노이어 베크〉의 도덕주의자들은 이참에 트로츠키 "또한" 1919년에 인질에 관한 법을 도입했다는 사실을 일깨워야 한다고 생각한다. 그런데 여기서는 문자 그대로 인용하는 것이 필요하겠다. "스탈린이 무고한 가족을 구금하는 것은 혐오스러운 야만이다. 그런데 이것은 트로츠키가 1919년에 이 법령을 도입했을 때부터 야만이었다." 자, 여기서 이상주의적 도덕주의자의 가장 아름다운 모습을 볼 수 있다! 이들의 기준은 부르주아 민주주의의 규범만큼이나 터무니없다. 실제로는 비교할 여지조차 없는 두 가지를 동일한 것으로 여긴다.

사실, 수많은 인명 손실을 낳았을 뿐 아니라 혁명 자체를 붕괴시킬 뻔한 배신을 저지른 이 [차르 군대 장교 출신 적군赤軍] 지휘관들의 가족은 아무도 1919년의 법령으로 처형당하지 않았다. 여기서 이것을 새삼 강조하지는 않겠다. 따지고 보면 이 문제에서는 중요한 사실이 아니니까 말이다. 애초부터 혁명이 불필요한 관용을 덜 베풀었더라면 수많은 목숨을 살렸을 것이다. 어찌 됐든 1919년 법령의 책임은 고스란히 나한테 있다. 그 조처는 억압자에 맞선 투쟁에서 필수적 수단이었다. 그 법령의 정당성은 내전 전체의 정당성과 마찬가지로 오직 투쟁의 역사적 내용에 달려 있다. 내전 자체도 따지고 보면 "혐오스러운 야만"으로 불릴 만한 여지가 없는 것은 아닐 테니 말이다.

에이브러햄 링컨의 초상화에 장밋빛 작은 날개를 그려 넣는 일은 에밀 루트비히 같은 부류에게 맡기자. 링컨이 중요한 이유는, 신생국의 발전이 제기한 위대한 역사적 목표를 달성하려면 가장 가혹한 수단이 필요함을 깨닫자마자 망설이지 않았다는 점이다. 이 문제에서 남부와 북부 중 어느 쪽이 가장 큰 희생을 불러왔는지 또는 치렀는지도 별반 중요한 일이 아니다. 역사는 미국의 내전인 남북전쟁에서 남부의 잔인성과 북부의 잔인성에 다른 잣대를 들이댄다. 한편에는 교활함과 폭력으로 노예에게 사슬을 채우려는 노예주가 있고, 한편에는 교활함과 폭력으로 사슬을 깨뜨리려는 노예가 있다. 이 한심하고 무능력한 자들은 윤리의 법정에서는 둘 다 마찬가지라고 말할 텐가!

파리코뮌이 유혈 낭자한 패배를 겪고 전 세계 반동이 코뮌의 깃발을 비방과 중상으로 뒤덮은 후에, 적잖은 민주주의 속물들이 반동에 영합하면서 코뮌 전사들이 파리 대주교를 비롯한 64명의 인질을 총살했다고 헐뜯었다. 마르크스는 잠시도 망설이지 않고 코뮌의 유혈 행위를 옹호했다. 마르크스는 제1인터내셔널 총평의회 명의로 용암이 분출하듯 부글대는 회람문을 발표했다. 마르크스는 우선 부르주아지가 식민지 민족과 자국 하층민을 상대로 인질 제도를 사용한다는 사실을 상기시키고는, 무자비한 반동분자들이 포로로 잡힌 코뮌 주민을 체계적으로 처형했다고 말한다. 이어서 다음과 같이 말한다. "코뮌은 정부군의 포로가 된 시민의 목숨을 살리기 위해 인질을 잡아 두는 프로이센식 관행에* 기댈 수밖에 없었다. 베르사유의 정부군이 인질로 삼은 시민을 계속해서 처형하자 코뮌 쪽 인질도 계속해서 목숨을 잃었다. 파트리스 드 마크마옹의 근위대가 파리 입성을 자축하며 학살을 벌이는 마당에 그들이 어떻게 목숨을 부지할 수 있었겠는가? 부르주아 정부의 파렴치한 만행을 막기 위한 최후의 방어책(인질을 잡아 둔 것)조차 그저 수치스러운 일일 뿐인가?" 그래서 마르크스는 코뮌의 인질 처형을 옹호했다. 총평의회에서 페너 브록웨이, 노먼 토머스, 오토 바우어와 비슷한 자들에게 적잖이 둘러싸여 있었는데도 말이다. 베르사유의 만행을 본 세계 프롤레타리아의 공분이 워낙 커서 반동적인 도덕주의자 애송이들은 침묵을 지키며 사태가 자신에게 유리해지기를 기다렸다. 안타깝게도 그런 상황은 금세 도래했다. 반동의 승리가 확고해지자마자 프티부르주아적 도덕주의자들은 노동조합 관료와 말만 앞세우는 아나키스트들과 힘을 합쳐 제1인터내셔널을 붕괴시켰다.

10월 혁명이 제국주의 연합군에 맞서 8000킬로미터나 되는 전선에서 자신을 방어하고 있었을 때, 전 세계 노동자들은 인질

* 프로이센·프랑스 전쟁에서 프로이센군은 저항하는 게릴라들을 포로로 잡아 방패막이로 삼은 뒤 처형했다.

제도를 "혐오스러운 야만"이라고 비난하는 것이 위험천만한 일임을 완전히 공감하면서 혁명을 옹호했다. 소비에트 국가가 완전히 변질되고 여러 나라에서 반동이 승리를 거두자 도덕주의자들은 비로소 구덩이에서 기어 나와 … 스탈린을 돕기 시작했다. 신생 귀족의 특권을 수호하려는 억압이 정말로 해방을 위한 투쟁의 혁명적 조처와 다를 바 없는 윤리적 가치가 있다면, 스탈린은 완전히 정당화된다. 프롤레타리아 혁명을 폐기 처분하지만 않는다면 말이다.

도덕주의자 양반들은 러시아 내전에서 비윤리적인 사례를 찾으려 하지만, 동시에 스페인 혁명에서도 (진정한 대중 혁명인 동안에는) 인질 제도를 이용했다는 사실은 못 본 체한다. 이 고발자들이 스페인 노동자들의 "혐오스러운 야만"을 감히 공격하지 못하는 이유는 오로지 이베리아반도가 여전히 너무나 뜨거운 쟁점이기 때문이다. 1919년으로 돌아가는 것이 훨씬 편리한 것이다. 1919년은 이미 지나간 시절이며 노인에게는 잊히고 젊은이에게는 낯선 때이니까 말이다. 마찬가지 이유로 갖가지 경향의 위선자들이 그처럼 집요하게 크론시타트와* 네스토르 마흐

---

* 크론시타트 반란 러시아 내전 말엽에 페트로그라드로 통하는 요충지인 크론시타트 해군기지에서 일어난 반란. 곡물 강제 징발과 암거래 단속에 반대하고 공산당 없는 소비에트를 요구했다. 훗날 트로츠키는 "이 반란을 진압하지 않았다면 반혁명에 물꼬를 터 줬을 것"이라고 회고했다.

노로 돌아간다. 여기야말로 윤리적 악취가 거침없이 분출하는 곳이다.

"아프리카 원주민의 도덕"

나도 도덕주의자들과 마찬가지로 역사가 무자비한 길을 선택한다고 생각한다. 그러나 여기서 어떤 실천적 결론을 이끌어 낼 것인가? 레프 톨스토이는 사회 관습을 무시하고 자신을 완성하라고 권했다. 마하트마 간디는 염소젖을 마시라고 권한다. 안타깝게도 〈노이어 베크〉의 '혁명적' 도덕주의자들이 내놓은 처방도 다르지 않았다. 그들은 다음과 같이 설교한다. "적의 행동만 악으로 보는 아프리카 원주민의 도덕에서 스스로 벗어나야 한다." 참으로 탁월한 조언이다. "스스로 벗어나야 한다"니! 톨스토이는 육신의 죄에서 벗어나라고도 조언했다. 그런데 통계를 보면 톨스토이의 조언은 효과가 없는 것 같다. 중간주의자 난쟁이들은 계급사회에서 초계급적 윤리로 올라서는 데 성공했다. 그러나 "네 적을 사랑하라", "나머지 뺨도 내밀어라" 같은 선언이 등장한 지는 2000년 가까이 지났다. 그런데도 성스러운 교황마저 적에 대한 증오심에서 이제껏 "스스로 벗어나"지 못했다. 정말이지 인류의 적, 사탄은 강력하기 짝이 없다!

이 가련한 난쟁이들은 착취자와 피착취자의 행동에 서로 다른 기준을 적용하는 것이 "아프리카 원주민의 도덕" 수준에 머무는 것이라고 말한다. 우선, 아프리카 원주민을 이처럼 모욕적으로 언급하는 것은 '사회주의자'답지 못한 짓이다. 아프리카 원주민의 도덕은 실제로 그렇게 형편없는가? 이 주제에 관해 브리태니커백과사전에는 다음과 같이 쓰여 있다.

> 그들은 사회적·정치적 관계에서 뛰어난 배려심과 지성을 발휘한다. 두려움이 없고 용감하고 친절하다. 또, 정직하고 진실했지만 백인과 접촉하면서부터 의심이 많아지고 복수심에 불타고 도둑질을 일삼는 등 유럽의 악에 물들었다.

영원한 윤리를 설교하는 백인 선교사들이 아프리카 원주민의 타락에 일조했다는 결론을 피하기는 불가능하다.

우리가 고된 노동에 시달리는 아프리카 원주민에게 지구 상 어느 곳 노동자들이 어떻게 착취자에 맞서 불시에 봉기했는지 설명한다면 그는 무척 기뻐할 것이다. 반면 억압자가 피억압자를 기만하는 데 성공했다는 것을 알게 된다면 실망할 것이다. 선교사들 때문에 뼛속까지 타락한 원주민이 아니라면 결코 억압자와 피억압자에게 동일한 추상적 윤리 규범을 적용하지 않을 것이다. 게다가 이런 추상적 규범의 구실은 억압자에 맞선 피억압자들의 봉기를 방지하는 데 있다는 설명도 쉽사리 이해할 것이다.

정말이지 유익한 교훈을 주는 우연의 일치다! 〈노이어 베크〉의 선교사들은 볼셰비키를 모함하려다 아프리카 원주민도 모함할 수밖에 없었다. 게다가 두 경우 모두 부르주아지의 공식적 거짓말과 궤를 같이한다. 혁명가를 겨냥한 거짓말, 그리고 유색인종을 겨냥한 거짓말 말이다. 종교의 선교사든 세속의 선교사든 그 어떤 선교사보다 아프리카 원주민이 낫다!

그런데 〈노이어 베크〉 같은 가망 없는 도덕주의자들이 의식적으로 반동을 도우려 한다고 볼 필요는 없다. 이들의 의도는 그렇게 나쁜 것이 아니다. 그렇지만 그 의도가 어떻든 이들은 반동에 이바지하는 도구 노릇을 한다. 자유주의 부르주아지나 그 그늘('인민전선'의 정치)에서 떠날 줄 모르는 프티부르주아 정당들이 프롤레타리아를 마비시키고 파시즘으로 향하는 길을 닦는(스페인, 프랑스 등) 지금과 같은 시기에는 볼셰비키, 즉 혁명적 마르크스주의자들이 부르주아적 여론의 눈엣가시가 된다. 이 시대의 기본적인 정치적 압력은 오른쪽에서 왼쪽으로 가해진다. 결국 반동의 압력은 고스란히 혁명적 소수의 어깨를 짓누른다. 이 소수의 이름이 제4인터내셔널이다. 보라! 여기에 너희 적이 있다!

반동의 동역학에서 대체로 선봉에 서는 것은 스탈린주의다.

아나키스트를 포함해 부르주아 사회의 모든 집단은 프롤레타리아 혁명에 대항하는 투쟁에서 스탈린주의의 지원을 받는다. 동시에 프티부르주아 민주주의자들은 자신의 모스크바 동맹자가 저지른 역겨운 범죄를 두고 의지를 꺾지 않는 혁명적 소수파의 탓으로 (적어도 절반쯤은) 덮어씌운다. 바로 이것이 요즘 유행하는 격언의 의미다. "스탈린주의와 트로츠키주의는 한통속이다." 따라서 볼셰비키와 아프리카 원주민을 비판하는 자들은 혁명 정당을 중상하면서 반동을 거들고 있다.

레닌의 "도덕관념 결여"

러시아 사회혁명당은 늘 가장 윤리적인 개인들로 이뤄져 있었다. 즉, 본질적으로 사회혁명당은 윤리만으로 조직됐다. 그러나 혁명기에 러시아 농민을 기만하는 데 아무런 망설임도 없었다. 볼셰비키에 대한 날조된 비난을 지어내는 데서 스탈린의 선구자인 알렉산드르 케렌스키가 바로 윤리적 사회주의자다. 케렌스키의 파리 조직의 일원인 또 다른 옛 사회혁명당원 블라디미르 젠지노프는 다음과 같이 썼다. "알려진 대로 레닌은 공산주의자는 원하는 목적을 달성하기 위해서 '갖가지 책략, 술책, 진실 은폐를 동원'할 수 있으며 때때로 그래야 한다고 가르쳤다"(*Novaya*

Rossiya, February 17, 1938, p 3). 여기서 나오는 이미 정해진 결론은 스탈린주의가 레닌주의의 친자식이라는 것이다.

안타깝게도 이 윤리적 고발자는 정직하게 인용할 능력조차 없다. 레닌은 다음과 같이 썼다.

> 노동조합에 들어가 그 안에서 버티며 무슨 일이 있어도 공산주의 활동을 지속하기 위해서는 … 갖가지 책략, 술책, 불법적 방법, 침묵, 진실 은폐에도 의지할 수 있어야 한다.

레닌의 설명을 보면 책략과 술책이 필요한 이유는 개혁주의 관료들이 노동자를 자본에 팔아먹으면서 혁명가들을 함정에 빠뜨려 탄압할 뿐 아니라 심지어 부르주아 경찰을 동원하기 때문이다. 이런 때는 "술책"과 "진실 은폐"가 믿을 수 없는 개혁주의 관료에 맞서 자신을 보호하는 유일한 효과적 수단이다.

젠지노프 자신의 당은 한때 제정에 맞서, 나중에는 볼셰비키를 상대로 불법 활동을 했다. 사회혁명당은 두 경우 모두 술책, 침묵, 위조 여권 등 다양한 "진실 은폐"를 활용했다. 이런 수단이 모두 '윤리적'일 뿐 아니라 영웅적으로 여겨진 이유는 이 행위들이 프티부르주아지의 정치적 목적에 알맞았기 때문이다. 그런데 프롤레타리아 혁명가들이 프티부르주아 민주주의에 맞서 음모적 조처를 사용할 수밖에 없게 되자 상황이 달라진다. 보다

시피 이 신사 양반들의 윤리를 이해하는 열쇠는 계급적 성격에 있다!

"도덕관념 결여자" 레닌은 공개적으로 인쇄물을 통해 배신적 지도자들에게 맞서는 군사적 술수가 필요하다고 조언한다. 그리고 도덕주의자 젠지노프는 독자를 속이려고 악의적으로 인용문의 앞뒤를 자른다. 이 윤리적 고발자들은 늘 그렇듯이 볼품없는 사기꾼임을 알 수 있다. 레닌이 다음과 같은 말을 되풀이한 것은 충분한 이유가 있었다. 양심적인 적수를 만나기란 무척이나 어렵다!

파업 참가자들의 계획에 관한 '진실'을 자본가에게 숨기지 않는 노동자는 경멸과 배척을 당해도 싼 배신자일 뿐이다. 아군의 '진실'을 적군에 누설한 군인은 스파이로 처벌받는다. 케렌스키는 볼셰비키가 에리히 루덴도르프의 참모에게 '진실'을 누설했다고 덮어씌우려 했다. 심지어 "성스러운 진실" 따위는 목적 자체가 아닌 듯하다. 계급적 성격을 지닌 훨씬 더 절대적인 기준이 진실 위에 있는 것이다.

사생결단의 투쟁에서는 군사적 술수, 다시 말해 속임수와 기만을 활용할 수밖에 없다. 독일 프롤레타리아가 히틀러의 경찰을 속이지 않아도 될까? 소비에트 볼셰비키가* 게페우를 속이는

---

* 좌익반대파를 일컫는 듯하다.

것은 '비윤리적' 태도일까? 아주 윤리적인 부르주아라도 경찰이 책략을 부려 위험한 강도떼를 잡아들이면 영리하다고 칭찬해 마지않는다. 제국주의라는 강도떼를 타도하는 문제에서는 정말로 군사적 술수를 쓰면 안 될까?

노먼 토머스는 "당과 당의 권력 말고는 아무것도 중요하지 않다고 보는 이상한 공산주의적 도덕관념 결여"에 대해 말한다(*Socialist Call*, March 12, 1938, p 5). 게다가 토머스는 현재의 코민테른(노동계급에 대항하는 크렘린 관료들의 결사체)과 볼셰비키(부르주아지에 대항하는 선진 노동자들의 결사체였다)를 도매금으로 비난한다. 앞서 충분히 살펴봤듯이 둘을 한데 묶는 건 아주 부정직한 짓이다. 스탈린주의는 당에 대한 숭배를 내세워 자신을 감출 뿐, 실제로는 당을 무너뜨리고 짓밟아 더럽힌다. 그런데 볼셰비키에게는 정말로 당이 전부다. 응접실 사회주의자 토머스는 혁명가와 혁명 사이의 관계도 이와 유사하다는 점에 놀라 이를 거부한다. 왜냐하면 토머스는 사회주의적 '이상'을 품은 부르주아일 뿐이기 때문이다. 이런 자들이 보기에 당은 선거 연합 따위를 위한 부차적 수단일 뿐이다. 토머스의 사생활, 이해관계, 인간관계, 윤리적 기준은 당과 무관하다. 토머스는 적개심과 섬뜩함을 느끼며 볼셰비키를 멸시한다. 볼셰비키가 당을 사회(사회 윤리까지 포함해)의 혁명적 재건을 위한 수단으로 삼기 때문이다. 혁명적 마르크스주의자에게는 개인의 윤리와 당의 이익 사이에 모순이 있을 수 없다. 혁명 정당은 혁명가의 의식 속에서 인류에게 주어진 최고의 과제와 목적을 구현하기 때문이다. 토머스가 마르크스주의자보다 윤리를 더 잘 이해한다고 본다면 섣부른 생각이다. 그는 당을 천박하게 이해할 뿐이다.

변증법의 달인인 괴테는 "태어난 것은 모두 소멸할 수밖에 없다"고 썼다. 그렇지만 세계적 반동의 흐름 속에서 볼셰비키가 소멸했다고 해도 그 세계사적 중요성은 얕잡아 볼 수 없다. 볼셰비키는 혁명적 상승의 시기에, 다시 말해 정말로 프롤레타리아의 전위이던 시절에 역사상 가장 정직한 당이었다. 물론 할 수 있는 한 계급의 적을 기만했다. 반면에 노동자에게는 진실을, 남김없이 진실을 말했으며 진실이 아닌 것은 결코 말하지 않았다. 오직 이 덕분에 볼셰비키는 세계의 어느 정당도 누리지 못한 엄청난 신뢰를 얻을 수 있었다.

지배계급의 하수인들은 볼셰비키를 조직한 사람들을 "도덕관념 결여자"라고 부른다. 계급의식이 있는 노동자가 보기에 이런 고발에는 찬사가 담겨 있다. "도덕관념 결여자" 레닌은 노예주가 노예에게 준수하라고 들이대면서도 자신은 결코 준수하지 않는 윤리 규범을 인정하지 않았다는 뜻이기 때문이다. 또 "도덕관념 결여자" 레닌은 프롤레타리아에게 계급투쟁을 윤리의 영역으로도 확대해야 한다고 촉구했다는 뜻이기 때문이다. 적이 세운 원칙 앞에서 굽실거리는 자는 결코 적을 물리치지 못할 것이다!

레닌의 "도덕관념 결여", 다시 말해 초계급적 윤리를 인정하지 않는 태도는 레닌이 평생 하나의 통일된 이상을 고수하는 데 아무런 지장이 되지 않았다. 일생을 피억압자의 대의에 바치는 데도, 사상에서는 최고의 엄밀함과 실천에서는 최고의 대담함을 발휘하는 데도, '평범한' 노동자와 의지할 곳 없는 여성과 아이들에게 조금도 으스대지 않는 태도를 유지하는 데도 아무런 지장이 되지 않았다. 그렇다면 이런 "도덕관념 결여"는 단지 인류의 더 고차원적인 윤리의 다른 이름이 아니겠는가?

한 가지 교훈적 사건

이제, 큰 사건은 아니었지만 그들의 윤리, 우리의 윤리의 차이를 잘 보여 주는 사례를 언급하는 것이 좋겠다. 1935년에 나는 어느 벨기에 동지에게 쓴 편지에서 신생 혁명 정당이 따로 '독자적'인 노동조합을 조직하려 하는 것은 자살행위나 다름없다고 설명했다. 노동자를 조직하려면 노동자가 있는 곳으로 가야 하는 법이다. 그런데 그렇다고 해서 [기존의] 기회주의적 노조 기구를 유지하는 데 쓰이는 조합비를 내야 한단 말인가? "물론이다." 나는 대답했다. "개혁주의자들의 기반을 잠식할 권리를 얻으려면 일시적으로 그들에게 조합비를 내는 것이 필요하다." 그렇지만 개혁주의자들이 우리가 자신들의 기반을 잠식하도록 내버려 두지 않을 텐데? "옳다. 그들의 기반을 잠식하려면 음모적 조처가 필요하다. 개혁주의자들은 노동계급 내부에서 활동하는 부르주아지의 정치경찰이다. 우리는 그들의 허락을 구할 필요 없이, 그들의 방해를 무릅쓰고 활동해야 한다." 내 기억이 틀리지 않다면, 벨기에 경찰은 스페인 노동자들에게 무기를 보내는 계획을 조사하려 D 동지의 집을 우연히 급습했다가 내가 보낸 편지를 압수했다. 며칠이 지나 이 편지가 공개됐다. 에밀 반데어벨데, 앙리 드망, 폴앙리 스파크의 신문은 당연히 나의 "마키아벨리즘"과 "예수회주의"를 격렬히 비난했다. 그런데 이 고발자들은 어떤 사람들인가? 수년 동안 제2인터내셔널 의장이었던 반데어벨데는 이미 오래전에 벨기에 자본의 충복이 됐다. 드망은 묵직한 전집을 써서 이상주의적 윤리로 사회주의를 고상하게 만들며 종교와 타협하더니, 기회가 생기자마자 노동자를 배신하고 부르주아 내각의 초라한 일원이 됐다. 스파크의 경우는 훨씬 경이롭다. 1년 반 전만 해도 이 신사 양반은 벨기에 노동당 좌파에 속했으며 반데어벨데의 관료주의에 맞서 싸울 방책을 조언해 달라고 프랑스에 있던 나를 찾아왔다. 나는 압수된 편지의 내용과 동일한 생각을 그에게 밝혔다. 그런데 스파크는 나를 방문한 지 1년이 채 안 돼서 영광의 가시밭길을 거부했다. 노동당 좌파 동지들을 배신하고 벨기에 자본의 가장 뻔뻔한 장관이 된 것이다. 이 신사 양반들은 노동조합과 자신의 당에서 비판의 목소리를 모조리 억누르고, 가장 선진적인 노동자들을 체계적으로 매수하고 부패시키며, 순응하지 않는 노동자들을 체계적으로 추방한다. 이들이 게페우와 다른 점은 아직 손에 피를 묻히지 않았다는 것뿐이다(다음번 제국주의 전쟁이 벌어지면 훌륭한 애국주의자답게 노동자들을 죽음으로 내몰 것이다). 분명한 점은, 혁명적 노동자들이 이 신사들을 상대로 투쟁할 때 음모의 원칙을 따라야 한다고 조언하는 사람은 가장 혐오스러운 대상, 윤리적 불구자[윤리 의식이 마비되고 타락해 윤리적 가치를 저버린 사람], '아프리카 원주민', 볼셰비키가 될 수밖에 없다는 것이다!

물론 벨기에 법에 따르면 내 편지는 법적으로 아무 문제가 없었다. '민주' 경찰이 할 일은 사과와 함께 편지를 수신인에게 돌려주는 것뿐이었다. 벨기에 사회주의 정당이 할 일은 프랑코의 이익을 위해 이뤄진 경찰의 급습에 항의하는 것이었다. 그런데 자칭 사회주의자들은 이 추잡한 경찰력 활용을 전혀 부끄러워하지 않았다. 이 일이 없었다면 자신들의 도덕이 볼셰비키의 도덕관념 결여보다 우월하다고 다시 한 번 뽐낼 기회를 누릴 수 없었을 테니 말이다.

이 사건의 모든 것이 중요한 변화를 보여 준다. 벨기에 사회민주주의자들이 자신들의 분노를 나에게 쏟아붓던 그 순간에 노르웨이 사회민주주의자들도 나와 아내를 감금해 게페우의 기소에 맞서 자신을 변호하지 못하게 했다. 노르웨이 [노동당] 정부는 모스크바의 기소가 날조됐다는 사실을 잘 알고 있었다. 노르웨이 사회민주주의자들의 기관지나 다름없는 신문은 내가 노르웨이에 도착한 뒤 며칠 동안은 이 사실을 공개적으로 인정했다. 그런데 모스크바가 노르웨이 선박업계와 수산업계를 을러대자 사회민주주의자 양반들은 이내 주저앉더니 네발로 기었다. 노동당 지도자 마르틴 트란멜은 도덕적 권위뿐 아니라 공정함으로 정평이 난 사람이다. 술과 담배를 하지 않고 고기도 좋아하지 않으며 겨울이면 얼음에 구멍을 뚫고 목욕한다. 그런 트란멜이 게페우의 요구에 따라 우리 일행을 가두고 나서 게페우의 노르웨이 요원인 야코브 프리스(명예도 양심도 없는 부르주아다)를 특별히 불러들여 나를 중상했다. 이만하면 됐다. …

이 신사 양반들이 지닌 윤리의 내용은 진부한 원칙과 어구다. 이것으로 자신들의 이해관계, 욕망, 두려움을 감추려는 것이다. 그들은 대부분 야심이나 권력욕을 채우기 위해 변절·배신·배반 같은 야비한 짓을 저지를 준비가 돼 있다. 개인의 이해관계라는 지고의 경지에서 보면 그들에게 목적은 모든 수단을 정당화한다. 그런데 바로 이 때문에 그들에게는 쓸 만한 멜빵끈처럼 튼튼하면서도 신축성 있는 특별한 윤리 규범이 필요하다. 그들은 자신들의 영업 비밀을 대중에게 폭로하는 사람을 증오한다. '평화로운' 시기에 이런 증오는 중상모략으로 나타난다. 저잣거리 욕설이든 '철학적' 표현이든 말이다. 스페인에서처럼 사회적 대립이 첨예한 시기에 이 도덕주의자들은 게페우와 손잡고 혁명가들을 살해한다. 자신들을 변호하려고 또 이렇게 말할 테지. "트로츠키주의와 스탈린주의는 한통속이다."

목적과 수단의 변증법적 상호 의존

어떤 수단이 올바른지 아닌지는 오직 그 목적에 달려 있다. 그런데 목적도 정당해야 한다. 프롤레타리아의 역사적 이해관계를 표현하는 마르크스주의 관점에서 보면, 어떤 목적이 올바르려면 자연에 대한 인간의 통제를 강화하고 인간에 대한 인간의 지배를 폐지하는 것이어야 한다.

"그렇다면 이런 목적을 이루기 위해서라면 무엇이든 허용된다고 생각하란 말인가?" 속물들은 냉소적으로 다그치며 자신들의 무지를 드러낸다. 우리의 대답은 진실로 인간 해방을 가져오는 것이라면 허용된다는 것이다. 이 목적은 오로지 혁명을 통해서만 달성할 수 있기 때문에 프롤레타리아의 해방의 윤리는 반드시 혁명적 성격을 띠기 마련이다. 프롤레타리아의 윤리는 종교적 도그마뿐 아니라 온갖 관념적 물신, 즉 지배계급의 철학적 헌병에도 비타협적으로 맞선다. 프롤레타리아의 윤리는 사회 발전 법칙에서, 따라서 주로 계급투쟁(모든 법칙을 지배하는 법칙)에서 행위규범을 이끌어 낸다.

"바로 그거다." 도덕주의자들은 그치지 않고 주장한다. "자본가에 대항하는 계급투쟁에서는 모든 수단, 즉 속임수·날조·배신·살인 등이 허용된다는 뜻이 아닌가?" 우리의 대답은 다음과 같다. 혁명적 프롤레타리아를 결속하고, 그들의 마음을 억압에 대한 화해할 수 없는 적개심으로 채우며, 기성 도덕과 그것을 옹호하는 민주주의자들을 경멸하도록 가르치고, 프롤레타리아가 자신의 역사적 사명을 자각하도록 격려하며, 투쟁 속에서 용기와 자기희생 정신을 발휘하도록 북돋는 수단, 오로지 그런 수단만이 허용되고 필수적이다. 바로 여기서 모든 수단이 허용되는 건 아니라는 결론이 도출된다. 우리가 목적이 수단을 정당화한다고 말할 때, 그 결론은 다음과 같다. 위대한 혁명적 목적은 노동계급의 한 부분과 다른 부분을 반목케 하거나, 대중이 스스로 참여하지 않고 안주하게 만들려 하거나, 대중의 자신감과 자기 조직에 대한 믿음을 떨어뜨리고 이를 '지도자' 숭배로 대체하는 비열한 수단과 방법은 거부한다. 혁명적 윤리는 부르주아지에게 굽신거리고 노동 대중에게 오만하게 구는 태도, 즉 프티부르주아 현학자와 도덕주의자에게 철저히 몸에 밴 습성을 무엇보다 비타협적으로 거부한다.

물론 이런 기준은 각각의 경우마다 무엇이 허용되고 허용되지 않는지를 묻는 질문에 즉답을 내놓지는 못한다. 그런 기계적 해답은 존재할 수 없다. 혁명적 윤리라는 문제는 혁명적 전략·전술의 문제와 밀접한 관련이 있다. 명확한 이론을 바탕으로 운동에서 얻는 생생한 경험이 이 문제들의 적절한 해답을 제공한다.

변증법적 유물론은 수단과 목적의 이원론을 인정하지 않는다. 목적은 역사적 운동에서 자연스럽게 도출된다. 수단은 유기적으로 목적에 종속된다. 당면 목적은 다음 목적의 수단이 된다. 페르디난트 라살은 자신의 희곡 《프란츠 폰 지킹겐》에서 어느 주인공의 입을 빌려 다음과 같이 썼다.

목적지만 가리키지 말고 가는 길도 알려 다오
목적지와 가는 길은 서로 뗄 수 없는 법이어서
하나가 달라지면 나머지도 달라지는 법이니까
가는 길이 달라지면 목적지도 달라지는 법이니까

라살의 구절에 흠이 없는 것은 아니다. 더 끔찍한 것은 현실 정치에서 라살 스스로 앞서 표현한 원칙에서 일탈했다는 것이다. 라살이 비스마르크와 비밀 협정을 맺었다는 것만 떠올려도 충분하다! 그렇지만 수단과 목적의 변증법적 상호 의존은 앞서 인용한 문장들에서 완전히 올바르게 드러난다. 밀 이삭을 거두려면 밀알을 심어야 한다.

예컨대, '순수 도덕'의 관점에서 보면 개인적 테러는 허용될까, 허용되지 않을까? 우리에게는 이 질문이 이처럼 추상적 형태로 존재하지 않는다. 보수적인 스위스 부르주아는 지금도 테러리스트 빌헬름 텔을 공식적으로 찬양한다. 우리는 민족적·정치적 억압에 맞서 투쟁하는 아일랜드, 러시아, 폴란드, 인도의 테러리스트들에게 완전히 공감한다. 오만한 관리였던 세르게이 키로프가 암살된 일은 전혀 동정을 얻지 못한다. 암살자에 대해서 우리가 여전히 중립적 태도를 취하는 이유는 오로지 암살자의 동기를 알 수 없기 때문이다. 암살자 니콜라예프가 키로프의 노동자 권리 유린에 의식적으로 복수하고자 한 것으로 밝혀진다면 우리는 전적으로 그에게 동감할 것이다. 그런데 우리에게 결정적으로 중요한 문제는 주관적 동기가 아니라 객관적 효과다. 진정 주어진 수단으로 목적을 이룰 수 있는가? 개인적 테러에 대해 이론과 경험은 그럴 수 없다고 증언한다. 우리는 테러리스트에게 다음과 같이 말하고 싶다. 대중을 대신하는 것은 불가능하다. 오직 대중운동 속에서만 여러분의 영웅적 용기를 효과적으로 표현할 수 있다. 그런데 내전이 벌어지면 억압자 개인을 암살하는 것은 더는 개인적 테러 행위가 아니게 된다. 어떤 혁명가가 프랑코와 그 참모들을 폭탄으로 날려 버린다고 해보자. 심지어 유약한 민주주의자들조차 도덕적 분노를 터뜨리지 않을 것이다. 내전이 벌어지면 같은 행위가 정치적으로 완전히 효과적인 것이 될 수 있다. 따라서 인간이 인간을 살해한다는 가장 첨예한 문제에서조차 윤리적 절대주의는 쓸모가 없음을 알 수 있다. 윤리적 평가는 정치적 평가와 마찬가지로 투쟁의 내적 요구를 출발점으로 삼는다.

노동자의 해방은 오로지 노동자 스스로 이룰 수 있다. 그렇다면 대중을 기만하는 것보다 더 큰 죄는 없다. 패배를 승리라고 하고, 친구를 적이라고 속이고, 노동자 지도자들을 매수하고, [지도자들에 대한] 전설을 꾸며 내고, 엉터리 재판을 여는 것, 한마디로 스탈린주의자들이 하고 있는 짓보다 더 큰 죄는 없다. 이런 수단들은 오로지 한 가지 목적에만 기여할 수 있다. 이미 역사적으로 유죄판결을 받은 무리의 지배를 연장하는 것이다. 그런데 이 수단들은 대중의 해방에는 전혀 기여할 수 없다. 바로 그 때문에 제4인터내셔널은 스탈린주의에 맞서 사생결단의 투쟁을 벌이는 것이다.

물론 대중은 무오류의 존재가 아니다. 대중을 이상화하는 것은 우리와 거리가 멀다. 우리는 다양한 조건과 국면에서, 또 엄청난 정치적 충격 속에서 대중이 어떻게 행동하는지 지켜봤다. 우리는 대중의 강점과 약점을 봤다. 대중의 강점(단호함, 자기희생, 영웅적 용기)은 언제나 혁명적 분출기에 가장 뚜렷하게 드러났다. 이런 시기에는 볼셰비키가 대중을 이끌었다. 그 후 또 다른 역사적 국면에 들어서면서 피억압자들의 약점(불균등함, 취약한 문화, 편협한 세계관)이 두드러지게 나타났다. 끊이지 않는 긴장 상태에 지친 대중은 환멸에 빠졌고 자신감을 잃어버렸다. 그리고 새로운 귀족정치로 가는 길을 닦았다. 이 시기에 볼셰비키('트로츠키주의자')는 대중한테서 고립됐다. 우리는 실제로 거대한 역사적 순환을 두 번 겪었다. 거대한 밀물의 시기인 1897~1905년, 썰물의 시기인 1907~1913년, 역사상 전례 없는 약진의 시기인 1917~1923년, 마지막으로 지금도 끝나지 않은 새로운 반동의 시기가 있다. 이런 엄청난 사건들 속에서 '트로츠키주의자'들은 역사의 흐름, 즉 계급투쟁의 변증법을 체득했다. 또 자신들의 주관적 계획과 구상보다 이 객관적 흐름을 중시하는 법을 어느 정도 성공적으로 배운 듯하다. 그들은 역사법칙이 자신들의 개인적 선택에 좌우되지 않고 자신들의 윤리적 기준보다 우위에 있다는 사실에 절망하지 않는 법을 배웠다. 자신들의 개인적 선택을 역사법칙에 종속시키는 법도 배웠다. 그들은 적의 힘이 역사 발전의 요구와 모순된다면 아무리 강력한 적이라도 두려워하지 않는 법을 배웠다. 그들은 새로운 역사적 밀물이 자신들을 건너편 해변으로 데려다줄 것을 굳게 믿으며 시류를 거슬러 헤엄치는 법을 알고 있다. 모두 그 해변에 도달하지는 못할 것이다. 많은 이들이 빠져 죽을 것이다. 그러나 눈을 크게 뜨고 강력한 의지로 이 운동의 일부가 되는 것, 오직 이것만이 생각하는 존재에게 최고의 윤리적 만족을 가져다줄 수 있다!

1938년 2월 16일, 멕시코 코요아칸에서

후기: 나는 이 글을 쓰던 당시에 내 아들이 죽음과 투쟁하고 있다는 사실을 알지 못했다. 살아서 읽을 수 있었더라면 아들의 마음에 흡족했기를 바라면서 이 짧은 글로나마 죽은 아들을 기리고 싶다. 레온 세도프는 진정한 혁명가였고 위선자들을 경멸했다.

마르크스주의에 반대하는 도덕주의자들과 아첨꾼들

레온 트로츠키

면죄부 장사꾼들과 결탁한 사회주의자들, 즉 이상한 둥지 속의 뻐꾸기

《그들의 윤리, 우리의 윤리》라는 소책자는 적어도 다음과 같은 장점은 있다. 즉, 일부 속물들이 자신의 치부를 완전히 드러낼 수밖에 없게 만들었다는 것이다. 프랑스와 벨기에 언론이 그 소책자를 처음 다룬 기사들을 보면 이 점을 분명히 알 수 있다. 그런 기사들 가운데 가장 쉽게 이해할 수 있는 것은 파리의 가톨릭 신문 〈라 크루아〉(십자가)에 실린 서평이다. 이 신사 양반

독자의 이해를 돕기 위해 생소한 인물·단체·간행물을 146~154쪽에 소개했다.

들은 자신들만의 체계가 있고, 그 체계를 옹호하기를 부끄러워하지 않는다. 그들은 절대적 윤리를 지지하고, 무엇보다 학살자 프랑코를 지지한다. 그것이 신의 뜻이다. 그들 뒤에는 온갖 쓰레기를 모으고 청소하는 천국의 위생사가 따라다닌다. 그들이 스스로 책임을 떠맡은 혁명가들의 윤리는 가치가 없다고 비난하는 것은 결코 놀라운 일이 아니다. 그러나 지금 우리의 관심을 끄는 것은 면죄부 장사꾼들이 아니라, 신 없이 일을 처리하면서도 스스로 신을 대신하려 하는 도덕주의자들이다.

벨기에의 '사회주의' 신문 〈르 푀플〉(민중) — 덕의 은신처가 바로 여기다! — 은 우리의 소책자에서 오직 범죄적 방안만 발견했다는데, 그 범죄적 방안이란 모든 목표 가운데 가장 비윤리적 목표, 즉 벨기에 노동귀족의 특권과 수입을 약화시킨다는 목표를 추구하는 비밀 조직을 만드는 것이다. 물론 이에 대해서는 다음과 같이 응수할 수 있다. 이 노동귀족들은 무수한 배신 행위와 순전한 사기·협잡으로 얼룩져 있다.(이 점은 '노동은행'의* 역사만 떠올려 봐도 알 수 있다!) 또, 그들은 노동계급 속에

---

* 1933년 벨기에 자본주의를 대공황의 수렁에서 구해 내려고 노동당의 앙리 드망이 창안한 '노동계획'의 일환이었다. 협동조합을 기반으로 국가의 자금 지원을 받아 은행을 설립한 뒤, 노동자들이 부도난 기업을 인수해 운영하면 지원해 주겠다는 계획이었다. 경제 위기가 심해져 기업이 줄도산하자 1934년 노동은행도 파산했다.

서 비판적 사고의 기미가 보이기만 하면 죄다 질식시켜 버렸다. 또, 실천적 윤리의 측면에서도 그들은 정치적 동맹 세력인 가톨릭교회의 고위층보다 결코 우월하지 않다. 그러나 첫째로, 교육을 거의 받지 못한 사람들만이 그런 불쾌한 일들을 언급할 것이다. 둘째로, 이 모든 신사 양반들은 그들의 사소한 죄가 무엇이든 간에 최고의 윤리적 원칙들을 비축해 둔다. 이것을 개인적 문제로 보는 앙리 드망의 높은 권위 앞에서 우리 볼셰비키는 당연히 어떤 면죄부도 기대할 수 없다.

다른 도덕주의자들로 넘어가기 전에 우리 소책자의 프랑스어판 출판사가 작성한 소개글을 잠시 살펴보자.* 본디 소개글이라는 것은 책자를 추천하거나 아니면 적어도 책자의 내용을 객관적으로 설명하는 것이다. 그러나 우리 앞에 있는 소개글은 완전히 다르다. 단 하나의 사례를 드는 것만으로도 충분하다. "트로츠키의 견해는 그의 정당, 즉 전에는 집권당이었지만 이제는 야당이 된 정당이 진정한 프롤레타리아를 항상 대표했고 그 자신은 진정한 윤리를 항상 대표했다는 것이다. 여기서 그가 얻은 결론은, 말하자면 다음과 같은 것이다. 인질을 총살하는 것은 그 총살 명령을 내린 사람이 스탈린이냐 트로츠키냐 … 에 따라 완전히 다른 의미를 갖게 된다." 이 인용문만으로도, 무대

---

* 부록 1 참조 — 영어판 편집자.

뒤에 숨어 있는 해설자를 평가하기에는 충분하다. 소개글을 감수하는 일이 지은이의 권리라는 것은 의문의 여지가 없다. 그러나 지금의 경우에 관한 한 지은이는 대서양 건너편에 있고 어떤 "친구", 즉 보아하니 출판사의 정보 부족에서 이득을 얻는 그 친구는 이상한 둥지로 용케 들어가서 거기에 자신의 작은 알을 살짝 떨궈 놓았다 — 아! 물론 그것은 아주 작은 알, 거의 미수정란이다. 이 소개글을 쓴 사람은 누구인가? 빅토르 세르주는 그 소책자를 번역함과 동시에 가장 신랄하게 비판한 사람이므로 쉽게 알려 줄 수 있을 것이다. 물론 그 소개글을 쓴 사람이 … 빅토르 세르주가 아니라 그의 제자 중에서 스승의 사상과 문체를 모방한 어느 누구라고 밝혀지더라도 나는 놀라지 않을 것이다. 그러나 아마도 결국은 스승 자신, 즉 [소책자] 지은이의 "친구"인 빅토르 세르주가 아닐까?

"호텐토트족의 도덕!"

수바린을 비롯한 여러 아첨꾼들은 당연히 이 소개글의 표현을 잽싸게 낚아챘다. 악독한 궤변을 생각해 내야 하는 성가신 일을 굳이 하지 않아도 됐기 때문이다. 트로츠키가 인질을 잡으면 좋은 일이고, 스탈린이 그러면 나쁜 일이다. 그런 "호텐토트족의 도덕"에 고귀한 분노를 터뜨리기는 어렵지 않다. 그러나 이 최근 사례를 근거로 이런 분노의 공허함과 거짓을 들춰내는 것보다 더 쉬운 일은 없다. 빅토르 세르주는 공공연하게 POUM[마르크스주의통일노동자당]의 당원이 됐는데, 이 카탈루냐 정당 POUM은 [스페인] 내전 동안 전선에서 독자적으로 시민군을 거느리고 있었다. 두루 알다시피, 전선에서 사람들은 총을 쏘고 살해한다. 그러므로 다음과 같이 말할 수 있을 것이다. "빅토르 세르주에게 살인은 그 살인 명령을 내린 사람이 프랑코 장군인지 아니면 빅토르 세르주 자신의 정당 지도자들인지에 따라 완전히 다른 의미를 갖게 된다." 만약 우리의 도덕주의자가 다른 사람들을 가르치려 하기 전에 자기 행동의 의미를 곰곰이 생각해 보려 했다면, 그는 십중팔구 다음과 같이 말했을 것이다. 그러나 스페인 노동자들은 민중을 해방하려고 싸웠지만 프랑코의 깡패들은 민중을 노예로 만들려고 싸웠다고! 세르주는 다른 대답을 지어낼 수 없을 것이다. 다시 말해, 그는 인질과 관련해서 트로츠키의 "호텐토트족"* 주장을 되풀이해야 할 것이다.

---

* 여기서 호텐토트족을 경멸적으로 언급하는 터무니없는 관습을 자세히 다루지는 않겠다. 그것은 백인 노예주들의 윤리일 뿐이다. 이 문제는 소책자[이 책의 55~58쪽]에서 충분히 다뤘다 — 지은이.

다시 한 번 인질 문제에 대해서

그러나 우리의 도덕주의자들은 솔직하게 진실을 말하지 않고 말을 빙빙 돌리려 할 수 있고 십중팔구 그럴 것이다. "전선에서 사람을 죽이는 것과 인질을 총살하는 것은 완전히 다른 문제다!" 곧 드러나겠지만, 이런 주장은 정말로 어리석다. 그러나 우리의 논적들이 선택한 근거를 잠시 살펴보고 넘어가자. 그들은 인질 제도가 "본질적으로" 비윤리적이라고 말한다. 좋다, 그것이 바로 우리가 알고 싶은 것이다. 그러나 인질 제도는 동서고금을 막론하고 역사상 모든 내전에서 시행된 것이다. 인질 제도는 분명히 내전의 본질 자체에서 나온다. 여기서 오직 하나의 결론만을 이끌어 낼 수 있는데, 내전의 본질 자체가 비윤리적이라는 것이다. 그것이 바로 〈라 크루아〉의 관점이다(이 신문은 권력은 신이 주신 것이므로 당대의 권력자들에게 복종해야 한다고 주장한다). 그리고 빅토르 세르주는? 그에게는 깊이 생각한 관점이 없다. 작은 알을 이상한 둥지에 떨어뜨리는 것과, 복잡한 역사적 문제에 관한 견해를 명확히 하는 것은 완전히 다른 문제다. 나는 마누엘 아사냐, 프란시스코 라르고 카바예로, 후안 네그린 등 초월적 윤리를 가진 사람들이 파시스트 진영의 인질을 잡아 두는 데 반대했다는 것을 기꺼이 인정한다. 부르주아지는 양쪽 진영에 모두 있었고, 그들은 가족 관계와 물질적 이해관계로 얽히고설켜 있었으며, 심지어 [내전에서] 패배하더라도 목숨을 건질 수 있을 뿐 아니라 자신들의 비프스테이크도 계속 유지할 수 있을 것이라고 확신했다. 그들은 나름대로 옳았다. 그러나 파시스트들은 프롤레타리아 혁명가들을 실제로 인질로 잡아 뒀고, 프롤레타리아는 또 나름대로 파시스트 부르주아지를 인질로 잡아 뒀다. 왜냐하면 프롤레타리아는 패배가 (비록 부분적이고 일시적일지라도) 자신들과 자신의 계급 형제들에게 위협이 되리라는 것을 알고 있었기 때문이다.

빅토르 세르주 자신은 스스로 무엇을 원하는지를 정확히 말할 수 없다. 내전에서 인질 관행을 없애고 싶은지 아니면 인류 역사에서 내전을 없애고 싶은지를 말이다. 그 프티부르주아 도덕주의자는 일관성 없게, 단편적으로, 두루뭉술하게 생각한다. 그래서 현상들을 그 내적 연관 속에서 살펴볼 수 없다. 그는 인질 문제를 인위적으로 분리해서 생각하기 때문에, 계급 간 무장 충돌을 자아내는 일반적 조건과는 무관한 특수한 윤리 문제로 여긴다. 내전은 계급투쟁의 최고의 표현이다. 그것을 추상적 '윤리' 규범에 종속시키려고 하는 것은, 사실상 완전무장을 갖춘 적 앞에서 노동자들을 무장해제시키는 것을 의미한다. 프티부르주아 도덕주의자는 독가스 사용, 무방비 상태의 도시 폭격 따위를 금지해서 전쟁을 '인간화'하고 싶은 부르주아 평화주의자의 동생이다. 정치적으로 그런 강령은 사람들의 생각을 (전쟁을 끝장내는 유일한 방법인) 혁명에서 다른 것으로 돌리게 하는 데 이바지할 뿐이다.

부르주아 여론을 두려워함

자기모순에 빠진 그 도덕주의자는 아마 두 진영 사이의 '공개적'이고 '의식적'인 투쟁과, 그 투쟁에 참여하지 않은 사람들을 잡아 두는 것은 완전히 다른 문제라고 주장할지 모르겠다. 그러나 이 주장은 형편없고 어리석은 회피일 뿐이다. 프랑코 진영에서 싸우는 수만 명은 강제로 징집되거나 속아서 끌려온 사람들이다. 공화국 군대는 반동적 장군의 이 불행한 포로들을 총으로 쏴 죽였다. 이것은 윤리적이었는가 아니면 비윤리적이었는가? 더욱이, 현대전에서는 장거리포·항공기·독가스가 사용될 뿐 아니라 대규모 파괴, 기근, 방화, 전염병 등이 뒤따르므로 투쟁에 직접 참여하지 않은 (노인과 어린이를 포함한) 수십만, 수백만 명이 목숨을 잃는 것은 피할 수 없다. 인질로 잡힌 사람들은 적어도 계급과 가족의 유대라는 끈을 통해 어느 한쪽 진영이나 그 진영 지도자들과 묶여 있다. 인질을 잡을 때 의식적으로 고를 수도 있다. 총에서 발사된 총알이나 비행기에서 떨어뜨린 폭탄은 우연히 아무렇게나 날아가서 적군뿐 아니라 아군이나 그들의 부모와 자녀도 쉽사리 죽일 수 있다. 그렇다면 왜 우리의 도덕주의자들은 인질 문제를 분리하고, 내전의 전체 내용에는 눈을 감는가? 왜냐하면 그들은 별로 용감하지 않기 때문이다. '좌파'로서 그들은 공개적으로 혁명과 단절하기를 두려워한다. 프티부르주아로서 그들은 공식 여론으로 건너가는 다리를 파괴하기를 두려워한다. 인질 제도를 비난할 때 그들은 [존경받는 사람들도 그랬으므로] 자신들의 견해를 부끄러워할 필요가 없다고 느끼면서 볼셰비키를 비판한다. 그들은 스페인에 대해서는 비겁하게 침묵한다. 빅토르 세르주는 스페인 노동자들, 아나키스트들, POUM 당원들도 인질을 잡아 뒀다는 사실에 대해 … 20년쯤 뒤에는 항의할 것이다.

내전의 윤리 규범

빅토르 세르주의 또 다른 발견, 즉 체카가 사람들의 운명을 밀실에서 결정할 권리를 갖게 된 바로 그때부터 볼셰비키의 변질이 시작됐다는 것도 똑같은 범주에 속한다. 세르주는 혁명 개념을 갖고 장난치고 혁명을 다룬 시를 쓰지만, 혁명을 있는 그대로 이해할 능력은 없다.

공개재판은 안정된 체제에서만 가능하다. 내전은 사회와 국가가 극도로 불안정한 상황이다. 참모본부의 계획을 신문에서 공개할 수 없는 것과 꼭 마찬가지로, 음모의 조건과 상황을 공개재판에서 밝힐 수는 없다. 왜냐하면 후자는 내전의 경로와 밀접하게 연결돼 있기 때문이다. 비밀재판이 실수의 가능성을 크게 증대시킨다는 것은 확실하다. 이것은 단지 내전이라는 상황이 공정한 재판의 실행에 결코 유리하지 않다는 것을 의미할 뿐이고, 우리는 이 점을 기꺼이 인정한다. 그럴 수밖에 없지 않겠는가?

우리는, 예컨대 마르소 피베르, 수바린, 월도 프랭크, 맥스 이스트먼, 마그들렌 파즈 등으로 구성된 '내전의 윤리 규범 초안 작성 위원회'의 위원장으로 빅토르 세르주를 임명할 것을 제안한다. 그 초안의 일반적 성격은 처음부터 분명하다. 양쪽 모두 인질을 잡지 않겠다고 맹세한다. 공개재판은 계속 시행된다. 공개재판이 제구실을 할 수 있도록 내전 기간 내내 언론의 자유가 완전히 보장된다. 도시를 폭격하는 것은 공개재판, 언론 자유, 개인의 불가침성에 해롭기 때문에 엄격히 금지된다. 비슷한 여러 다른 이유들 때문에 대포 사용도 불법이다. 그리고 소총, 수류탄, 심지어 총검조차 인간뿐 아니라 민주주의 일반에도 명백히 해로운 영향을 미치므로 무기, 즉 화기나 휴대용 무기의 사용은 내전에서 엄격히 금지된다.

정말 놀라운 윤리 규범이다! 빅토르 세르주와 마그들렌 파즈의 미사여구를 기리는 웅장한 기념비다! 그러나 모든 억압자와 피억압자가 이 윤리 규범을 받아들이지 않는 한 내전에서 서로 싸우는 계급들은 모든 수단을 써서 승리하려고 애쓸 것이다. 반면에 프티부르주아 도덕주의자들은 지금까지 그랬듯이 두 진영의 중간에서 혼란에 빠져 계속 헤맬 것이다. 주관적으로 그들은 피억압자들에게 공감한다(이 점을 의심하는 사람은 아무도 없다). 객관적으로 그들은 여전히 지배계급의 윤리에 사로잡힌 포로들이고, 피억압자들이 봉기의 윤리를 더 발전시키도록 도와주는 것이 아니라 오히려 피억압자들에게 지배계급의 윤리를 강요하려 한다.

대중은 그것과 전혀 관계가 없다!

빅토르 세르주는 볼셰비키가 무너진 원인을 지나가는 말로 밝힌다. 즉, 지나친 집중주의, 이데올로기 투쟁에 대한 불신, 자유를 사랑하는("자유지상주의적", 실제로는 아나키즘적) 정신의 부족이 그것이라고 한다. 대중을 더 많이 신뢰할수록, 자유도 더 많아진다! 이 모든 것은 시간과 공간을 초월한다. 그러나 대중은 결코 동일하지 않다. 혁명적 대중이 있는가 하면, 수동적 대중도 있고, 반동적 대중도 있다. 똑같은 대중도 시간이 흐르면 다른 감정과 목표에 고무된다. 바로 이런 이유 때문에 중앙집중적으로 조직된 전위가 꼭 필요한 것이다. 스스로 쟁취한 권위를 행사하는 정당만이 대중 자신의 동요를 극복할 수 있다. 대중에게 신성함이라는 특성을 부여하고 자신의 강령을 무정형의 '민주주의'로 축소하는 것은 스스로 계급 속으로 용해되는 것이고, 전위를 후위로 돌리는 것이고, 바로 그렇게 해서 혁명적 과제들을 포기하는 것이다. 다른 한편으로, 프롤레타리아 독재가 의미하는 바는, 프롤레타리아 자체의 후진 부위에서 나오는 위험을 포함해 이런저런 위험들을 퇴치하기 위해 계급의 전위가 국가의 자원들로 무장한다는 것이다. 이 모든 것은 아주 기본적인 것이다. 즉, 러시아의 경험으로 입증됐고, 스페인의 경험으로 확인된 것이다.

그러나 진짜 비밀은 이것이다. 즉, 빅토르 세르주는 "대중을 위한 자유"를 요구하면서 실제로는 자신과 동료들을 위한 자유, 모든 통제와 모든 규율과 심지어 가능하다면 모든 비판에서 면제될 자유를 요구하고 있다는 것이다. '대중'은 그것과 전혀 관계가 없다. 우리의 '민주주의자'는 오른쪽에서 왼쪽으로, 또 왼쪽에서 오른쪽으로 종종걸음을 치면서 혼란과 회의주의의 씨를 뿌릴 때, 자신이 유익한 사상의 자유를 실현하고 있다고 믿는다. 그러나 그는 우리가 환멸에 빠진 프티부르주아 지식인의 동요를 마르크스주의 관점에서 평가하는 것을 자신의 개성에 대한 공격으로 본다. 그래서 그는 혼란을 퍼뜨리는 모든 사람들과 손잡고, 우리의 폭정과 우리의 종파주의에 대항하는 십자군을 결성한다.

혁명적 정당의 내부 민주주의는 그 자체가 목표는 아니다. 그것은 중앙집중주의로 보완되고 제한돼야 한다. 마르크스주의자에게 그 문제는 항상 다음과 같은 것이었다. 즉, 무엇을 위한 민주주의인가? 어떤 강령을 위한 민주주의인가? 강령의 틀은 동시에 민주주의의 틀이기도 하다. 빅토르 세르주가 제4인터내셔널에 요구하는 것은, 혼란에 빠진 사람들, 종파주의자들, POUM의 중간주의자들, 조르주 페레컨과 마르소 피베르 같은 자들에게, 헹크 스네이블릿 같은 보수적 관료들이나 모험주의자에 불과한 레몽 몰리니에 같은 자들 모두에게 행동의 자유를 주라는 것이다. 다른 한편으로, 빅토르 세르주는 중간주의 조직들이 그 대열에서 제4인터내셔널의 열렬한 지지자들을 쫓아내도록 체계적으로 도와줬다. 우리는 그런 식의 민주주의를 매우 잘 알고 있다. 그것은 우파에게는 순응하고 잘 협조하고 타협하면서도 좌파에게는 자꾸 요구하고 악의적이고 교활하다. 그것은 단지 프티부르주아 중간주의의 자기방어 체제일 뿐이다.

마르크스주의에 반대하는 투쟁

만약 이론 문제들을 대하는 빅토르 세르주의 태도가 진지하다면, 자신이 [이론의] '혁신가'로 주목받게 되는 것에 쑥스러워하고, 지난 세기에 칸트 철학을 마르크스주의에 접목하려 한, 다시 말해 프롤레타리아의 계급투쟁을 초월한다는 원리들에 프롤레타리아의 투쟁을 종속시키려 한 베른슈타인과 스트루베, 그 밖의 모든 수정주의자들로 우리를 후퇴시키는 것에 당혹스러워할 것이다. 칸트 자신이 그랬듯이, 그들은 '정언명령'(의무감)을 모든 사람에게 타당한 절대적 윤리 규범으로 묘사했다. 사실 그것은 부르주아 사회에 대한 '의무'의 문제다. 베른슈타인, 스트루베, 카를 포어렌더는 그들 나름대로 이론을 대하는 태도가 진지했다. 그들은 칸트로 돌아갈 것을 공개적으로 요구했다. 빅토르 세르주와 그의 동료들은 과학적 사상에 대한 책임을 전혀 느끼지 않는다. 그들은 스스로 인유와 암시, 기껏해야 문학적 일반화를 하는 데 그친다. … 그러나 그들의 사상을 바닥까지 파헤쳐 보면, 그들이 오래전부터 불신당한 낡은 운동에 가담했다는 것이 드러난다. 그 운동은 칸트 철학으로 마르크스주의를 진압하는 것, 실제로는 부르주아지의 이해관계를 철학적으로 일반화했을 뿐인 '절대적' 규범들로 사회주의 혁명을 마비시키는 것이다(그 규범들은 분명히 오늘날의 부르주아지가 아니라, 과거 자유무역과 민주주의 시대의 부르주아지가 철학적으로 일반화한 것이다). 제국주의적 부르주아지는 그 규범들을 그들의 선조 자유주의자들보다 훨씬 덜 지킨다. 그러나 제국주의적 부르주아지는 혁명적 프롤레타리아의 대열을 혼란에 빠뜨리고 교란하고 동요시키려는 프티부르주아 설교자들의 노력을 호의적으로 바라본다. 히틀러뿐 아니라 자유주의자들과 민주주의자들의 주된 목표도 볼셰비즘의 역사적 정당성이 대중에게 완전히 분명해지려고 하는 때에 볼셰비즘을 불신의 대상으로 만드는 것이다. 볼셰비즘과 마르크스주의, 바로 그것이 적이다!

민주주의적 도덕의 주창자인 '형제' 빅토르 바슈가 그의 '형제' 레몽 로젠마르크의 도움을 받아서 모스크바 재판을 옹호하며 위조죄를 저질렀을 때, 바슈의 비윤리성이 만천하에 드러났다. 그는 자신의 거짓말이 유죄판결을 받게 되자 가슴을 치면서 울부짖었다. "그렇다면 내가 편파적이라는 말인가? 나는 항상 레닌과 트로츠키의 공포정치를 비난했다." 바슈는 민주주의적 도덕주의자들의 내면에 있는 주요 동기를 아주 생생하게 보여줬다. 즉, 그들 가운데 일부는 모스크바 재판에 대해 침묵할 수 있고, 다른 일부는 비판할 수 있고, 또 다른 일부는 옹호할 수 있지만, 그들의 공통 관심사는 모스크바 재판을 이용해서 레닌과 트로츠키의 '윤리', 즉 프롤레타리아 혁명이라는 방식을 비난하는 것이다. 이 분야에서 그들은 모두 형제다.

앞서 인용한 가증스러운 소개글은 내가 발전시킨 윤리관의 "토대"가 "레닌"이라고 썼다. 다른 출판물에서도 반복된 이 애매한 문구는 내가 레닌의 이론적 원칙들을 발전시키고 있다는 의미로 받아들일 수 있다. 그러나 내가 알기로 레닌은 윤리를 다룬 글을 쓰지 않았다. 빅토르 세르주는 사실 뭔가 전혀 다른 말을 하고 싶었을 것이다. 즉, 나의 비윤리적 사상은 "도덕관념이 없는 인간"인 레닌의 실천을 일반화한 것이라고 말이다. 세르주는 내 판단을 이용해 레닌의 인간성을 의심스럽게 만들고, 레닌의 인간성을 이용해 내 판단을 의심스럽게 만들려 한다. 그는 널리 퍼진 반동적 경향, 즉 볼셰비즘과 마르크스주의 전체를 공격하는 경향에 아첨하고 있을 뿐이다.

아첨꾼 수바린

옛 평화주의자, 옛 공산주의자, 옛 트로츠키주의자, 옛 민주적 공산주의자, 옛 마르크스주의자 … 자신의 과거와 거의 완전하게 단절한 수바린은 자신이 원하는 것이 무엇인지 모를수록 훨씬 더 뻔뻔스럽게 프롤레타리아 혁명과 혁명가들을 공격한다. 이자는 인용문, 문서, 쉼표, 인용 부호를 어떻게 모으는지, 서류를 어떻게 편집하는지를 알고 그런 일들을 좋아한다. 게다가 그는 펜을 어떻게 다루는지도 안다. 원래 그는 평생 이런 일을 하고 싶어 했다. 그러나 머지않아 그는 생각하는 능력도 필요하다는 사실을 깨달을 수밖에 없었다. … 스탈린을 다룬 그의 책은 비록 흥미로운 인용문과 사실을 많이 담고 있지만, 수바린이 얼마나 형편없는 사람인지를 여실히 보여 준다. 그는 혁명이 뭔지도 모르고 반혁명이 뭔지도 모른다. 그는 죄 많은 인간을 보며 끊임없이 분개하면서도 초라하게 합리화하는 사람의 기준을 역사적 과정에 적용한다. 그의 비판 정신과 창조적 무능 사이의 불균형이 마치 염산처럼 그를 부식시키고 있다. 그래서 그는 끊임없이 분노하고, 사상·사람·사건을 평가할 때 아주 기본적인 정직성도 없는 반면, 그 모든 것을 메마른 윤리적 훈계로 덮어 버린다. 인간을 싫어하고 매사에 부정적인 다른 모든 사람처럼 수바린도 기질적으로 반동 쪽으로 이끌린다.

수바린은 공개적으로 마르크스주의와 결별했는가? 우리는 결코 그런 얘기를 들어 본 적 없다. 그는 얼버무리기를 좋아한다. 그것이 그의 타고난 성질이다. 내 소책자를 서평하면서 그는 다음과 같이 썼다. "트로츠키는 다시 한 번 계급투쟁이라는 그의 회전목마에 올라탄다." 어제의 마르크스주의자에게 계급투쟁은 "트로츠키의 회전목마"일 뿐이다. 수바린 자신이 영원한 윤리라는 죽은 개에 걸터앉기를 좋아한다는 것은 놀라운 일이 아니다. 마르크스주의의 [계급투쟁] 개념에 반대해서 그는 "계급 구분과 무관한 … 정의감"을 주장한다. 우리 사회의 바탕에 "정의감"이 있다는 것을 알게 되면 어쨌든 위안이 된다. 다가오는 전쟁에서 수바린은 거의 틀림없이 자신이 발견한 사실을 참호 속 병사들에게 자세히 설명할 것이다. 그리고 그사이에는 지난 전쟁의 불구자들, 실업자들, 버려진 아이들, 성매매 여성들에게도 그럴 수 있다. 그러다가 그가 얻어맞는다면 우리 자신의 "정의감"은 그를 편들지 않을 것임을 미리 밝혀 둔다.

"계급 구분과 무관한" 부르주아적 정의를 옹호하는 이 파렴치한 자의 비판적 언급들은 모두 빅토르 세르주한테서 영감을 얻은 그 소개글에 바탕을 두고 있다. 그리고 세르주 자신은 '이론'을 추구할 때 수바린한테서 빌려 온 잡동사니를 넘어서지 못한다. 왜냐하면 그래도 수바린은 세르주가 아직 말할 엄두도 내지 못한 것을 과감하게 말한다는 장점이 있기 때문이다.

수바린은 거짓 분노(그에게 진정한 것은 아무것도 없다)를 터뜨리면서 다음과 같이 쓴다. 트로츠키는 민주주의자, 개혁주의자, 스탈린주의자, 아나키스트의 윤리를 비난하므로 그가 내릴 수 있는 결론은 "트로츠키의 정당"만이 윤리의 유일한 대변자이고 이 정당은 "존재하지 않기" 때문에 결국 윤리의 화신은 트로츠키 자신이라는 것이다. 이 말을 듣고 어찌 웃지 않을 수 있겠는가? 보아하니 수바린은 존재하는 것과 존재하지 않는 것을 자신이 구별할 수 있다고 믿는 듯하다. 그것이 스크램블드에그나 멜빵바지의 문제라면 매우 간단할 것이다. 그러나 역사적 과정의 차원에서 그런 구별은 분명히 수바린의 머리로는 감당할 수 없다. "존재하는 것"은 생겨나고 있거나 아니면 죽어 가고 있고, 발전하고 있거나 아니면 분해되고 있다. 존재하는 것을 이해할 수 있는 사람은 존재하는 것의 내적 경향을 이해하는 사람들뿐이다.

지난 전쟁이 터졌을 때 혁명적 태도를 취한 사람들의 수는 손가락으로 꼽을 정도였다. 공식 정치의 모든 분야를 지배한 것은 다양한 색조의 국수주의였다. 리프크네히트·룩셈부르크·레닌은 무기력하고 고립된 개인들처럼 보였다. 그러나 그들의 윤리가 '신성한 연합'의* 야만적 윤리보다 고상했다는 것을 조금이라도 의심할 수 있을까? 리프크네히트의 혁명적 정치는 결코 '개인주의적'이지 않았다. 당시 보통의 애국적 속물에게는 그렇게 보였겠지만 말이다. 오히려 리프크네히트는, 아니 리프크네히트만이 대중의 밑바닥 정서를 반영했고 그 징후를 보여 줬다. 그 뒤의 사태 경과를 보면 이 점을 완전히 확신할 수 있다. 내일 생각과 감정을 표현할 권리를 얻고자 오늘 공식 여론과 완전히 결별하는 것을 두려워하지 않는 태도, 이것은 인습을 고수하는 프티부르주아지의 경험적 존재와 다른 독특한 존재 방식이다. 자본주의 사회의 모든 정당, 모든 도덕주의자, 모든 아첨꾼은 임박한 재앙의 잔해 아래로 사라져 버릴 것이다. 세계 사회주의 혁명[을 옹호하는] 정당만이 살아남을 것이다. 물론 앞을 못 본 채

* 사회민주주의 정당들이 전시에 자국 정부에 반대하지 않거나 노동자 파업을 지지하지 않는다는 데 합의한 것.

그저 합리화하기에 급급한 자들에게는 지금 그 정당이 존재하지 않는 듯 보일 것이다. 그들에게는 지난 전쟁 때 레닌과 리프크네히트의 정당도 존재하지 않는 것처럼 보였다.

전염병을 옮기는 자들과 혁명가들

엥겔스는 언젠가 마르크스와 자신은 평생 소수파였지만 "전혀 개의치 않았다"고 썼다. 피억압 계급의 운동이 혁명의 일반적 과제들 수준에 조응하는 시기는 역사에서 극히 드문 예외적 사례다. 피억압자들이 승리하는 경우보다는 패배하는 경우가 훨씬 더 흔하다. 피억압자들이 패배할 때마다 반동의 시기가 오랫동안 지속된다. 그럴 때 혁명가들은 엄혹한 고립 상태로 내몰린다. 사이비 혁명가들, 즉 어느 러시아 시인이 읊었듯이 "1시간 동안만 기사도를 발휘하는 자들"은 그런 시기에 피억압자들의 대의를 공공연하게 배신하거나 아니면 어느 진영과도 결별하지 않을 수 있는 구원 공식을 찾아서 종종걸음을 친다. 우리 시대에 정치경제학이나 사회학 분야에서 타협주의적 공식을 발견하는 것은 상상할 수도 없다. 계급 모순이 자유주의자들과 민주적 개혁주의자들의 '조화' 공식을 영원히 뒤집어 버렸기 때문이다. 종교와 초월적 윤리의 영역은 여전히 남아 있다. 러시아 사회혁명당은 교회와 동맹해서 민주주의를 구하려고 했다. 마르소 피베르는 교회를 프리메이슨단으로 대체한다. 보아하니 빅토르 세르주는 아직 프리메이슨의 집회소에 가담하지 않았지만, 마르크스주의를 반대해서 피베르와 함께 쓰는 언어를 찾는 데는 아무 어려움이 없다.

두 계급이 현대 사회의 운명을 결정한다. 제국주의적 부르주아지와 프롤레타리아가 그들이다. 부르주아지의 마지막 자원은 파시즘이다. 파시즘은 사회적·역사적 기준을 생물학적·동물학적 기준으로 대체해서 스스로 자본주의적 소유를 위한 투쟁에서 아무 제약도 받지 않으려 한다. 문명을 구할 수 있는 것은 오직 사회주의 혁명뿐이다. 그런 혁명적 전복을 이루려면 프롤레타리아는 모든 힘을 동원해야 하고 철저하게 결단력이 있어야 하고 최대한 대담하고 열정적이고 무자비해야 한다. 무엇보다 프롤레타리아는 종교, '민주주의', 초월적 윤리라는 허구에서 완전히 벗어나야 한다. 이것들은 프롤레타리아를 길들여서 노예로 삼기 위해 적이 만들어 낸 정신적 족쇄들이다. 제국주의의 만행을 완전히 그리고 최종적으로 전복할 수 있게 준비하는 것만이 윤리적이고 나머지는 아니다. 혁명의 안녕이 최고의 법이다!

우리가 두 기본 계급(사생결단의 전투를 벌이는 시대의 부르주아지와 프롤레타리아)의 상호 관계를 분명히 이해하면 프티부르주아 도덕주의자들의 구실이 어떤 객관적 의미가 있는지를 알게 된다. 그들의 주된 특성은 무기력이다. 그 도덕주의자들은 프티부르주아지의 경제적 퇴보 때문에 사회적으로 무기력하고, 엄청난 계급투쟁 앞에서 프티부르주아지가 느끼는 두려움 때문에 이데올로기적으로 무기력하다. 그래서 많이 배웠든 못 배웠든 프티부르주아는 계급투쟁을 억제하라고 촉구한다. 영원한 도덕을 이용해서 그렇게 하는 데 성공하지 못하면(그것은 결코 성공할 수 없다) 프티부르주아는 파시즘의 품으로 뛰어든다. 파시즘은 신화와 사형집행인의 도끼를 사용해서 계급투쟁을 억누른다. 빅토르 세르주와 그 동료들의 도덕주의는 혁명에서 반동으로 건너가는 다리다. 수바린은 이미 이 다리 건너편에 가 있다. 이런 경향들에 조금이라도 양보하는 것은 반동에 투항하는 첫 걸음이다. 전염병을 옮기는 이런 자들이 히틀러, 무솔리니, 네빌 체임벌린, 에두아르 달라디에에게 윤리 규칙을 주입하게 하자. 우리는 프롤레타리아 혁명의 강령이면 충분하다.

1939년 6월 9일 코요아칸에서

수단과 목적

존 듀이

수단과 목적의 관계는 오랫동안 윤리의 중요한 쟁점이었다. 그것은 정치적 이론과 실천에서도 뜨거운 쟁점이었다. 최근에 그 논의는 근래 소련의 마르크스주의에 일어난 사건들을 중심으로 이뤄졌다. 다른 나라의 많은 스탈린 추종자들이 스탈린주의 노선을 옹호하면서 내세운 근거는 소련의 이른바 사회주의 체제를 유지하려면 숙청과 기소, 심지어 날조나 조작도 어느 정도 필요하다는 것이었다. 스탈린주의 관료들의 정책과 조처를 거론하며 마르크스주의를 비난하는 다른 사람들은, 마르크스주의 정책이 소련에서 자행되는 것과 같은 과도한 행위들을 낳는 이유는 마르크스주의가 목적은 수단을 정당화한다고 주장하기 때문이라고 했다. 이렇게 비판하는 사람들 가운데 일부는, 트로츠키도 마르크스주의자이므로 똑같은 정책을 지지할 것이고 따라서 권력을 잡았다면 그도 프롤레타리아 독재의 목적을 달성하는 데 필요하다고 생각되는 수단이라면 무엇이든 사용했을 것이라고 주장했다.

그 논의는 적어도 한 가지 유용한 이론적 결과는 있었다. 내가 아는 한, 그것은 일관된 마르크스주의자가 사회적 행동의 수단과 목적의 관계를 처음으로 분명하게 논한 것이다.* 이 평론지[《뉴 인터내셔널》] 편집자의 정중한 제안에 따라 나는 수단과 목적의 상호 관계를 논한 트로츠키 씨의 글에 비춰 이 문제를 살펴보겠다. 따라서 그의 글 앞부분은 대체로 내 논의에서 제외할 것이다. 물론 그는 자신을 비판하는 일부 사람들도 피장파장이라고(제목이 암시한다), 즉 그들이 트로츠키 탓으로 돌리는 것과 똑같은 방식으로 행동했음을 쉽게 보여 줬다고 말할 수 있다. 또, 트로츠키 씨는 목적이 수단을 정당화한다는 생각의 대안적 견해는 이른바 양심의 구원이나 도덕관념이나 모종의 영원한 진리에 바탕을 둔 어떤 절대적 윤리뿐이라는 것도 보여 준다. 따라서 나는 트로츠키 씨와 마찬가지로 그런 학설들을 모두 분명히 거부하는 관점에서 글을 쓴다고 말하고 싶다. 또, 결과라는 의미의 목적만이 윤리적 관념과 행위에 근거를 제공하고, 따라서 사용된 수단을 우리가 정당화할 수 있는 것은 오직

---

* 트로츠키의 《그들의 윤리, 우리의 윤리》를 말한다 — 영어판 편집자.

그것뿐이라고 나는 생각한다.

내가 살펴보고자 하는 요점은 트로츠키 씨의 글 마지막에 "목적과 수단의 변증법적 상호 의존"이라는 절에 나오는 내용인데, 다음과 같은 진술이 기본적이다. "어떤 수단이 올바른지 아닌지는 오직 그 목적에 달려 있다. 그런데 목적도 정당해야 한다. 프롤레타리아의 역사적 이해관계를 표현하는 마르크스주의 관점에서 보면, 어떤 목적이 올바르려면 자연에 대한 인간의 통제를 강화하고 인간에 대한 인간의 지배를 폐지하는 것이어야 한다." 따라서 인간에 대한 인간의 지배를 폐지함과 동시에 자연에 대한 인간의 통제를 강화하는 것이야말로 가장 중요한 목적, 즉 자기 정당화가 필요하지 않은 목적, 그 목적에 대해서는 수단인 목적들을 정당화해 주는 목적인 듯하다. 여기에 덧붙여서 말할 수 있는 것은, 마르크스주의자가 아닌 사람들도 가장 중요한 목적을 이렇게 정식화하는 것을 받아들일 수 있고, 그 목적은 단지 프롤레타리아의 이해관계만이 아니라 사회의 윤리적 이해관계(역사적 이해관계까지는 아니더라도)도 표현하는 것으로 생각한다는 점이다.

그러나 현재의 내 목적을 위해 중요한 것은 여기서 '목적'이라는 말이 두 가지 뜻, 즉 정당화하는 최종 목적과, 그 자체로는 이 최종 목적의 수단인 목적들로 사용된다는 점을 지적하는 것이다. 그 주장은 어떤 목적들은 수단일 뿐이라고 글자 그대로 말하지는 않지만, 어떤 목적들은 "자연 등에 대한 인간의 통제를 강화하게 된다"는 진술에는 분명 그런 의미가 함축돼 있다. 트로츠키 씨는 더 나아가 목적이 수단을 정당화한다는 원리는 모든 수단이 허용된다는 뜻은 아니라고 설명한다. "우리의 대답은 진실로 인간 해방을 가져오는 것이라면 허용된다는 것이다."

후자의 진술을 일관되게 추구한다면, 수단과 목적의 상호 의존이라는 타당한 원리와 부합할 것이다. 따라서, 사용된 수단을 낱낱이 검토하게 될 것이고, 인간이 예측할 수 있는 실제 객관적 결과를 확인할 것이다(그래서 사용된 수단이 '정말로' 인간 해방으로 이어진다는 것을 보여 줄 것이다). 바로 이 지점에서 목적의 이중적 의미가 중요해진다. 목적이 실제로 달성된 결과를 뜻하는 한 그것은 분명히 사용된 수단에 의존하는 반면, 수단의 구실을 하는 정책과 조처는 목적에 의존한다(실제 객관적 결과를 근거로 수단을 의도하고 평가해야 한다는 의미에서 그렇다). 이렇게 보면, 의도한 목적은 최종 결과에 대한 관념을 나타내거나 그런 관념이다. 그 관념이 결과를 낳을 수 있다고 판단되는 수단을 근거로 형성된 것이라면 말이다. 따라서 의도한 목적 자체는 행동 지침이 되는 수단이다. 마치 건강은 달성되는 것이라거나 집은 지어지는 것이라는 관념이 실제 결과라는 의미의 목적과 동일한 것이 아니라, 그 목적을 이루기 위한 행동 지침이 되는 수단인 것처럼 말이다.

그런데 목적이 수단을 정당화한다는 격언(과 그에 따른 실천)이 나쁜 평판을 얻게 된 것은, 의도한 목적, 즉 공언하고 염두에 둔 목적이 (아마 매우 진지하게) 특정 수단의 사용을 정당화하고, 그래서 그 수단을 사용한 실제 결과가 무엇일지를 검토하지 않아도 된다고 했기 때문이다. 한 개인은 특정 수단이 결국 자신이 공언하고 원하는 목적으로 '실제로' 이어질 것이라고 생각할 수 있다(그의 개인적 견해에서 보면 꽤나 그럴듯할 수 있다). 그러나 진정한 문제는 개인적 믿음이 아니라 그 믿음이 의존하는 객관적 근거다. 즉, 채택한 수단이 실제로 만들어 낼 결과다. 따라서 트로츠키 씨가 "변증법적 유물론은 수단과 목적의 이원론을 인정하지 않는다"고 말할 때, 그는 근본적으로 인간 해방이라는 객관적 결과를 낳을 수 있는 수단을 사용하도록 권장한다고 해석하는 것이 자연스럽다.

따라서 의도한 목적이 인간 해방이라고 우리가 생각하면, 수단이 무엇이어야 하는지에 대한 고정된 선입견 없이 이 목적을 달성할 수 있는 수단을 모두 검토할 것이고, 제안된 수단은 모두 그 수단이 낳을 수 있는 결과라는 분명한 근거를 바탕으로 가늠되고 평가될 것이다.

그러나 트로츠키 씨는 논의를 더 진척시킬 때 이런 길로 나아가지 않는다. 그는 다음과 같이 말한다. "프롤레타리아의 해방의 윤리는 반드시 혁명적 성격을 띠기 마련이다. … 프롤레타리아의 윤리는 사회 발전 법칙에서, 따라서 주로 계급투쟁(모든 법칙을 지배하는 법칙)에서 행위규범을 이끌어 낸[연역한]다."(강조는 내가 추가한 것) 이 말이 무슨 의미인지에 대해 전혀 의심을 남겨 두지 않겠다는 듯이 그는 다음과 같이 말한다. "목적은 역사적 운동에서 자연스럽게 도출된다." 그것은 바로 계급투쟁이라는 운동이다. 따라서 수단과 목적의 상호 의존이라는 원리는 사라지거나 적어도 감춰진다. 왜냐하면 어떤 수단을 선택할지를 결정하는 근거가, 수단을 사용한 실제 결과와 관련해서 그 수단을 독립적으로 검토한다는 것이 아니기 때문이다. 오히려 수단은 독립적 근원, 이른바 역사법칙에서 "연역된다." 그 역사법칙은 모든 사회 발전 법칙을 지배하는 가장 중요한 법칙이다. 여기서 "이른바"라는 말을 지우더라도 주장의 논리는 바뀌지 않는다. 왜냐하면 그래도 결론은, 사용할 수단을 인간 해방이라는 목적에 대한 고려에서 도출하지 않고 또 다른 외적 근원에서 도출한다는 것이기 때문이다. 따라서, 공언된 목적(의도한 목적), 인간 해방은 그 목적을 달성할 수단인 계급투쟁에 종속된다. 수단과 목적이 상호 의존하는 것이 아니라, 목적이 수단에 의존하지만 수단은 목적에서 도출되지 않는다. 계급투쟁이 그 목적을 달성할 가장 중요한 수단으로 여겨지기 때문에, 그리고 그것이 가장 중요한 수단이라는 견해는 상호 의존하는 수단과 결과를 귀납적으로 검토해서 얻어진 것이 아니라 연역적으로 도달한 것이기 때문에, 계급투쟁이라는 그 수단은 실제 객관적 결과와 관련해서 비판적으로 검토될 필요가 없다. 그것은 비판적 검토의 모든 필요에서 자동으로 면제된다. (객관적 결과와 구별되는) 의도한 목적이 계급투쟁과 긴밀히 연관된 모든 수단의 사용을 정당화한다는, 그리고 다른 모든 수단을 무시하는 것이 옳다는 견해로 우리가 후퇴하지 않는다면, 트로츠키 씨가 주장하는 논리를 나는 이해할 수 없다.

내가 표명한 견해, 즉 수단과 목적의 진정한 상호 의존이라는 견해는 계급투쟁이 목적을 달성하는 하나의 수단이라는 것을 자동으로 배제하지는 않는다. 그러나 연역적 방법을 통해 그런 결론에 이르는 것은 배제한다. 계급투쟁이 가장 중요한 수단이라는 결론은 말할 것도 없다. 계급투쟁을 수단으로 선택한 것을 정당화하려면, 수단과 목적의 상호 의존이라는 근거 위에서 연역적으로 그럴 것이 아니라 그 수단을 사용한 실제 결과를 검토해서 그렇게 해야 한다. 역사적 고려 사항들은 확실히 이런 검토를 하는 데 적절하다. 그러나 고정불변의 사회 발전 법칙이라는 가정은 적절하지 않다. 그것은 마치 어떤 생물학자나 의사가 자신이 인정하는 특정한 생물학 법칙이 건강이라는 목적과 매우 밀접한 관련이 있어서, 건강을 달성하는 수단(가장 중요한 수단)이 바로 그 법칙에서 도출될 수 있기 때문에, 생물학적 현상들을 더는 탐구할 필요가 없다고 주장하는 것과 마찬가지다.

모든 경우가 예단돼 있는 것이다.

계급투쟁은 인간 해방이라는 목적을 이루는 수단이라는 말과, 어떤 수단을 사용할지를 결정하는 계급투쟁의 절대적 법칙이 있다는 말은 근본적으로 다르다. 왜냐하면 만약 그런 법칙이 수단을 결정한다면, 그것은 목적(실제 결과)도 결정하게 되고, 수단과 목적의 진정한 상호 의존이라는 원리에 따르면 그 결과가 인간 해방일 것이라는 말은 자의적이고 주관적이기 때문이다. 인간 해방은 우리가 이루려고 노력해야 하는 목적이다. '윤리'의 타당한 의미가 무엇이라고 생각하든 인간 해방은 윤리적 목적이다. 어떤 과학적 법칙도 윤리적 목적을 결정할 수 없다. 오직 수단과 목적의 상호 의존이라는 원리를 버려야만 그럴 수 있다. 마르크스주의자는 계급투쟁이 가장 중요한 사회 발전 법칙이라고 진심으로 믿을 수 있다. 그러나 그런 믿음은 더는 역사를 검토하지 못하게 만들어 버린다는 사실은 제쳐 두더라도 — 뉴턴의 법칙이 물리학의 최종 법칙이라고 주장하게 되면 물리학 법칙들을 찾으려는 노력을 더는 하지 않게 되듯이 — 계급투쟁이 (가장 중요한 과학적 역사법칙이라고 하더라도) 인간 해방이라는 윤리적 목적을 이룰 수단이라는 결론이 자동으로 나오는 것은 아니다. 계급투쟁이 그런 수단이라는 점은 법칙에서 '연역'해서 입증해야 하는 것이 아니라, 수단과 결과를 검토해서 입증해야 한다. 인간 해방이 목적임을 감안하면, 그런 검토를 할 때는 목적을 이룰 수 있는 수단을 편견 없이 자유롭게 모색할 수 있어야 한다.

계급투쟁이라는 수단에 관해 한 가지 고려 사항을 덧붙일 수 있겠다. 계급투쟁을 수행하는 다양한 방식은 아마 몇 가지, 어쩌면 아주 많을 수도 있다. 이 다양한 방식 가운데 어떤 것을 선택할지는 인간 해방이라는 목적과 관련해서 그 결과를 검토해서만 결정할 수 있다. 계급투쟁이 수행되는 특정한 방식을 역사법칙이 결정한다고 믿으면, 특정한 계급투쟁 방식에 열광적으로, 심지어 신비주의적으로 매달리면서 다른 방식은 모두 배제하게 되는 경향이 있는 듯하다. 나는 수단과 목적의 상호 의존이라는 이론적 문제를 벗어나고 싶은 생각은 없다. 그러나 인간 해방이라는 윤리적 목적과의 관계를 근거로 수단을 모색하거나 선택하지 않고 이른바 과학적 법칙에서 수단을 연역했다는 사실을 주목하면, [러시아] 혁명이 소련에서 실제 거쳐 온 경로를 더 잘 이해할 수 있을 듯하다.

내가 내릴 수 있는 유일한 결론은 트로츠키 씨가 이 절대주의를 피하려다가 저 절대주의로 빠졌다는 것이다. 정설 마르크스주의자들은 사회주의라는 이상과 그 이상을 실현할 과학적 방법(수단과 결과의 객관적 관계에 바탕을 두고 있다는 의미에서 과학적이다)에 헌신하다가 이제는 역사적 변화의 법칙인 계급투쟁에 헌신하는 쪽으로 기묘하게 옮겨 가는 듯하다. 가장 중요한 법칙인 이 계급투쟁에서 목적의 설정과 수단·태도를 도출하게 되면, 모든 윤리적 문제, 즉 최종적으로 달성해야 할 목적에 관한 모든 문제가 무의미해진다. 목적을 과학적으로 다룬다는 것이 곧 목적을 (자연법칙이든 사회법칙이든) 법칙에서 배제한다는 뜻은 아니다. 정설 마르크스주의가 정통 종교의 극단적 신앙이나 전통적 관념론과 공유하는 것은, 인간의 목적이 존재의 조직이나 구조 자체와 결합돼 있다는 믿음이다. 이런 신념은 아마 마르크스주의가 헤겔 철학이라는 기원에서 물려받은 것일 게다.

1938년 7월 3일 뉴욕에서

자유주의 윤리

존 듀이와 레온 트로츠키의 논쟁

조지 노백

미국 자유주의자들은 고상한 윤리 이론 수준에서든 실천적 윤리에서든 자신들의 견해가 마르크스주의자들의 견해보다 훨씬 더 강력하다고 확신한다. 그들은 다른 많은 사람들도 그렇게 생각하도록 설득했다. 스탈린의 공포정치 체제는 볼셰비키 선임 당원들에게 날조된 혐의를 뒤집어씌워 처형한 모스크바 재판에서 절정에 달했다. 스탈린의 공포정치를 근거로 민주주의자들은 자신들이 스탈린주의자들뿐 아니라 스탈린주의의 피해자인 혁명적 사회주의자들보다 윤리적으로 더 우월하다고 으스댔다. 1930년대 말에 전 세계의 다양한 지식인 사회에서는 윤리와 정치의 관계 문제를 두고 뜨거운 논쟁이 벌어졌는데, 제2차세계대전으로 자본주의적 제국주의의 피투성이 윤리가 여실히 드러나면서 그 논쟁은 갑자기 끝나 버렸다.

1937년 4월 모스크바 재판을 조사하기 위한 국제 위원회가 멕시코 코요아칸에서 개최한 청문회는 이 문제들을 지나가듯이 다룬 바 있다. 머지않아 트로츠키는 "그들의 윤리, 우리의 윤리"라는 글을 썼고, 이 글은 1938년 6월 《뉴 인터내셔널》에 실렸다. 철학자이자 교육자인 존 듀이는 트로츠키가 뒤집어쓴 혐의를 벗겨 줄 국제 위원회의 위원장이었는데, 트로츠키의 견해를 비판하는 "수단과 목적"이라는 글을 썼고, 이 글은 1938년 8월 같은 잡지에 실렸다. 트로츠키는 듀이의 주장을 반박하는 글을 쓰고 싶었지만, 다른 할 일이 많아서 그러지 못했다.

실용주의와 마르크스주의의 가장 중요한 대변자들이 벌인 이 논쟁, 그러나 결론이 나지 않은 논쟁은 사회적·정치적 행동의 윤리적 측면에 관한 두 철학의 근본적 견해가 직접 대결한 드문 경우였다. 그 뒤 27년이 지났지만, 이 문제는 여전히 적절하고 자유주의자들과 반항아들의 주목을 받고 있다. 사실 이 문제는 과거 어느 때보다 오늘날 더 시의적절하다.

윤리적 문제들

그 이데올로기 대결에서 제기된 방법의 쟁점들과 씨름하기 전에, 비판적·합리적 윤리의 정식화와 관련된 근본적 문제들을 살펴보는 것이 도움이 될 수 있겠다.

윤리 이론가들은 행위규범의 합리적 토대나 과학적 설명에 이르고자 할 때 주로 두 가지 어려움에 부딪힌다. 하나는 옳고 그름의 개념이 시대에 따라 엄청나게 다르다는 것이다. 인간의 행동치고 상반된 윤리적 평가를 받지 않은 것을 찾기는 어려울 것이다. 오늘날 게걸스럽게 먹는 사람은 일반적으로 비난받는다. 그렇지만 원시시대 사람들은 일반적으로 그렇게 살았다. 일부 수렵·채집 부족들은 노인이 죽게 내버려 둔다. 그러나 오늘날 우리는 노인의 수명을 연장시키려고 애쓴다.

자유로운 성관계는 오늘날 불법이지만,* 한때는 일반적이었고 괜찮다고 생각됐다. 거짓말은 나쁘다고들 생각하지만, 윤리의 모범이라는 의사 같은 사람들도 불치병 환자에게 상태를 솔직히 얘기하는 것이 옳은지 그른지를 두고 논쟁을 벌인다. 자본주의에서는 부의 소유와 분배가 엄청나게 불평등한 것이 당연하게 여겨지지만, 아메리카 원주민의 선조들은 그런 불평등을 비난했을 것이다. 이런 사례는 계속 들 수 있다.

절대적 윤리를 찾는 사람들에게 훨씬 더 나쁜 것은, 한 부류

---

* 미국은 이 글이 쓰인 1965년에는 물론이고 2019년까지도 19개 주에 간통죄가 있다.

의 사람들이 최선이라고 생각하는 행동의 특징을 다른 부류의 사람들은 최악이라고 생각한다는 사실이다. 파업 파괴자는 기업주에게는 영웅이지만 노동자들에게는 악당이다. 경찰 끄나풀은 정치적 탄압을 자행하는 자들에게는 칭찬받지만, 탄압받는 정치인과 노동조합 활동가에게는 증오의 대상이다. 히로시마와 나가사키에 떨어진 핵폭탄을 보며 아시아인들은 몸서리를 쳤지만, 연합국의 열강들은 그것을 옹호했다. 얼마 전에 쿠바를 보며 알 수 있었듯이, 사유재산 몰수는 자본주의 옹호자들과 사회주의 지지자들한테서 정반대의 윤리적 평가를 받는다.

그렇게 상충하는 윤리적 상황에서 똑같은 행위와 행위자에 대한 모순된 평가가 공존하는 것을 볼 때, 과연 선과 악, 옳고 그름을 구별하는 확실한 근거가 있을 수 있을까? 도대체 확고한 윤리 규범이 가능하기는 할까?

모든 윤리학파는 이런 문제들에 나름대로 답을 내놓았다. 전통적 종교들은 자신들의 케케묵은 윤리를 신의 뜻이라며 정당화한다. 그런 종교의 율법은 모세·그리스도·무함마드에 의해 계시된 신의 말씀이라고들 하고, 랍비와 사제와 그 밖의 권위 있는 교회 간부들에 의해 해석된다. 신의 계명은 영원한 것이고, 어기면 반드시 처벌받는다. 왜냐하면 그 계명은 천국에 가는 여권 같은 것이고 영생을 얻는 비결이기 때문이다.

윤리는 점차 그런 종교적 제약에서 해방됐다. 문명, 더 계몽

된 문화, 과학 지식이 발전하면서, 철학자들은 윤리의 합리적·세속적 토대를 고안해야 했다. 윤리가 그동안 묶여 있던 천국에서 풀려나자, 윤리가 존재하고 발전하는 이유를 (지상에서 진보해 온) 인간의 변화하는 필요에서 찾아야 했다. 마침내 역사유물론은 윤리 규범의 기원과 실체, 그 사회적 기능과 한계를 과학적으로 가장 타당하게 설명했다.

마르크스주의 윤리관

엥겔스는 《반뒤링론》에서 마르크스주의 윤리 이론을 설명할 때 다음과 같이 말했다. "인간은 의식하든 의식하지 않든 궁극적으로 자신의 계급 지위의 토대가 되는 실천적 관계(생산하고 교환하는 경제적 관계)에서 윤리관을 끌어낸다." 부족 생활의 윤리는 그 근본적 가치들이 문명사회의 윤리와 다를 수밖에 없다. 왜냐하면 둘의 생산관계와 소유 형태가 근본적으로 다르기 때문이다. 도둑질하지 말라거나 이웃의 아내를 탐하지 말라는 계명은, 생산도구나 재생산 주체를 사유재산 취급하는 관습에 얽매이지 않은 원시인들에게는 우스꽝스럽게 보였을 것이다.

엥겔스는 오늘날 널리 퍼진 주요 윤리는 세 가지라고 지적했다. 가톨릭이 전형적 사례인 기독교적·봉건적 윤리, 현대의 부르주아 윤리, [미래의] 프롤레타리아 윤리가 그것이다. 결혼과 이혼에 대한 각각의 태도를 살펴보면, 이 윤리관들의 차이를 잘 알 수 있다. 가톨릭에서 결혼은 "하느님이 정해 주신" 것이므로 영원히 지속돼야 한다. 보통의 부르주아에게 결혼은 시민끼리 계약을 맺은 결과이고, 그 계약은 정부 관리에 의해 승인되고 조정되고 종료된다. 사회주의자에게 결혼은 당사자들의 자유의지에 따라 시작되거나 끝나는 개인적 문제다.

이런 일반적 윤리관들은 경제 관계가 발전해 온 세 단계를 대표하고, 서로 다른 계급 구조와 사회체제의 필요와 견해를 표현한다. 그 윤리관들은 오늘날 사람들의 마음속에서 서로 공존하고 경쟁한다.

엥겔스가 내린 결론은 모든 윤리와 그 윤리를 정당화하는 이론은 특정 시대에 사회가 도달한 경제적 단계의 산물이라는 것이다. 문명사회는 지금까지 계급 적대 속에서 움직였고 앞으로도 계속 그럴 것이므로, 모든 윤리는 계급 윤리이고 계급 윤리일 수밖에 없다. "윤리는 지배계급의 지배와 이해관계를 정당화했다. 그러나 피억압 계급이 충분히 강력해지면, 이 지배에 저항하는 반란과 피억압 계급의 미래의 이해관계를 표현했다." 따라서 윤리적 평가가 변화하고 다양하다는 엥겔스의 유물론적 설명은 새롭고 더 고차원적인 윤리적 평가를 정당화하기도 한다.

실용주의 윤리관

실용주의자들은 스스로 윤리 문제 전문가라고 생각한다. 그들에게 윤리 이론은 한편으로 전통적 종교를 대체하는 것이다. 다른 한편으로 사회문제를 철저하게 유물론적으로 다루는 태도에 맞서 싸울 때 그들이 주로 사용하는 공격·방어 수단이기도 하다.

실용주의자들은 어떤 "영원한 진리"에 의존해서 윤리 규범을 승인하지 않는다. 그들은 진화론과 현대적 지식의 습득이 이런 "영원한 진리"를 돌이킬 수 없게 논파했다는 것을 알고 있다. 그렇다면, 어떤 덕의 실천을 무슨 근거로 권장하고 정당화할 수 있는가? 그런 근거는 그 자체로 좋은 것이 아니고 십계명처럼 신의 영감을 받은 것도 아니며 금기 사항에 의해 강요되는 것도 아니다. 존 듀이에 따르면, 어떤 행위의 가치, 어떤 행동 방침이나 정책의 가치는 단지 그 실제 결과로만 판단해야 한다. 중요한 것은 개인의 의도나 동기나 목표가 아니라, 사람들의 행위가 만들어 내는 구체적 결과다. 듀이는 윤리라는 것은 "단지 개인의 내면적 속성이 아니라 결과를 낳는 외적 행동"이라고 생각한다(*The Quest for Certainty*, p 6). 듀이는 이런 객관적 기준을 인정한다는 점에서, 감상적이고 반쯤 종교적인 사람들과 달랐다. 그들은 윤리적 가치가 "선한 마음"에 달려 있다고 생각했다.

[듀이가 보기에] 부의 증대와 평등한 분배를 실현하고, 민주주의와 자유를 확대하고, 평화적 관계를 제도화하고, 더 많은 사람들에게 더 많은 기회를 열어 주고, 사람들의 감수성을 향상시키고 이해력을 증진시키는 경향이 있는 행동은 무엇이든 좋은 것이다. 그 결과가 반대라면, 그런 행동은 비윤리적인 것으로 비난받아야 한다.

요컨대, 착취가 나쁜 이유는 남의 소유물을 훔치고, 사람들을 분열시키고 억압하기 때문이다. 따라서 착취자들이 그 사실을 깨닫게 해 스스로 바로잡도록 하거나 사회가 그들을 바로잡아야 한다. 폭력은 나쁘다. 더 정확히 말하면, 그 결과가 도움이 되기보다는 해로운 경우가 훨씬 더 흔하다. 그러므로 폭력에 의존해서는 안 된다(적어도 압도적으로 필요한 경우에만 드물게 사용해야 한다). 계급투쟁은 나쁘다. 그래서 계급의 조화와 협력으로 대체돼야 한다.

이렇게 좋은 말들은 그 실용주의적 도덕주의자의 위대한 선의지를 보여 주고 그의 자애로운 마음을 증명한다. 그러나 사회적 투쟁을 만들어 내는 실제 상황을 과학적으로 더 잘 이해할 수 있게 해 주지는 못한다. 또, 사회적 투쟁의 실천적 해결책을 알려 주지도 않는다. 부자들을 욕하고, 특권층은 가난한 사람들의 필요를 감안해서 고통을 덜어 줄 조처를 취해야 한다고 말하기는 쉽다. 종교는 수백 년 동안 그런 설교를 늘어놓았(고 그런 자선을 실천했)지만, 불평등을 만들어 내는 조건을 근절하지 못했다.

그렇게 추상적인 윤리적 훈계는 윤리와 윤리의 발전을 진정 과학적으로 연구하는 것과는 엄청나게 다르다. 과학적 윤리관은 착취가 나쁘다는 것뿐 아니라, 부자들이 왜 그렇게 행동하는지도 설명할 수 있어야 하고, 그래서 착취라는 악을 제거할 수 있는 방법도 알려 줄 수 있어야 한다. 이것은 개인적 문제가 아니라 집단적인 사회적 문제다.

모름지기 인간주의적 윤리의 최고 목표는 각 개인의 자아실현, 인간 개성의 발전과 완성이다. 듀이는 개인의 행위가 필연적으로 사회적 행위에 종속된다는 것과, 윤리는 사회적 조건, 행위, 결과와 분리할 수 없는 밀접한 연관이 있다는 것을 정확히 알고 있다. 그는 기꺼이 그 문제를 제기했고, 그런 고급 무대에서 자신의 관점을 옹호하며 마르크스주의에 맞서 전투를 벌이고 있다.

윤리에서 수단과 목적

듀이가 씨름한 첫째 문제는 윤리에서 수단과 목적의 관계라는 골치 아픈 문제다. 윤리적 훈계를 늘어놓는 많은 자유주의자들은 그런 격언이 모든 악의 뿌리라고 믿는다. 따라서 목적이 수단을 정당화한다는 트로츠키의 말에 듀이가 동의하는 것을 보고 그들은 놀라고 충격받을 수 있다. 목적과 수단은 상호 의존적이다.

그러나 둘 중 어느 것도 "이른바 양심의 구원이나 도덕관념이나 모종의 영원한 진리"로 정당화할 수는 없다고 듀이는 말했다. 그것들을 정당화할 수 있는 것은 오직 그 실제 결과뿐이라고 듀이는 분명히 말했다. "결과라는 의미의 목적만이 윤리적 관념과 행위에 근거를 제공하고, 따라서 사용된 수단을 우리가 정당화할 수 있는 것은 오직 그것뿐이라고 나는 생각한다." 다른 어떤 것도 수단을 좋은 것이나 나쁜 것으로 만들지 못하고, 오직 그 수단을 사용한 결과만이 그럴 수 있다.

트로츠키는 사회주의적 행동의 궁극적 목적이 자연에 대한 인간의 통제를 강화하는 것, 그리고 그 결과로 인간에 대한 인간의 지배(사회적 억압)를 폐지하는 것이라고 말했다. 듀이도 이것들을 최고의 가치 있는 목적으로 여겼다. 트로츠키는 더 나아가, 이런 목적의 실현에 기여하는 수단은 모두 윤리적으로 정당하다고 말했다. 여기까지는 마르크스주의자와 실용주의자 사이에 이견이 없었다.

그들의 견해가 갈라지는 것은 이런 목적을 달성할 수 있는 경로와 주체의 문제를 고려하기 시작할 때였다. 트로츠키는 현대 사회에서 이 과업을 완수할 수 있는 세력은 오직 조직된 노동계급뿐이라고 주장했다. 노동자들이 억압을 끝장내고 자연의 정복을 완수할 수 있는 길은 오직 자본주의의 수혜자들과 경제적 특권 지지자들에 맞서 끝까지 투쟁하는 것뿐이다.

여기서 듀이는 트로츠키와 날카롭게 논쟁한다. 듀이는 이런 주장이 모두 틀렸다고 반박한다. [듀이는 다음과 같이 주장했다.] 트로츠키는 우리 시대에 사회를 재구성하는 근본적 과제를 노동자들에게 맡기는 것이 옳다는 점을 입증하지 못했다. 그 과제는 어떤 특수한 계급의 이해관계를 초월한 공통 관심사의 문제다. 사회의 최상층부터 최하층까지 선의지를 가진 모든 사람이 자연과 우리 경제를 집단적으로 통제하는 일에 함께 나서서 힘을 합쳐야 한다.

또 트로츠키는 원하는 목적을 이루는 수단으로 계급투쟁에만 의존한다는 점에서도 틀렸다고 듀이는 주장했다. 자본가들과 노동자들이 서로 욕하고 비난하는 것 이외의 다른 수단과 방법도 좋을 뿐 아니라 더 나은 결과를 낳을 것이기 때문이다.

따라서 윤리 이론에 관한 두 사람의 차이는 핵심적으로 사회 발전의 주체와 수단에 관한 이견이었다. 본질적으로 그것은 방법에 관한 논쟁, 즉 생각하는 방법과 행동하는 방법에 관한 논쟁이었다.

듀이 자신은 의도적으로 논쟁을 논리적 방법과 과학적 방법의 수준으로까지 끌어올렸다. 트로츠키의 방법이 틀린 이유는, 사회 발전의 경로에 관한 이해(또는 오해)에서 수단(계급투쟁)을 연역했기 때문이라고 듀이는 말했다. 계급투쟁을 최고의 절대적 역사법칙으로 부당하게 승격시킴으로써 트로츠키는 목적이 수단을 결정하도록 하지 않고 실제로는 특정 수단에 목적을 종속시켰다는 것이다. 그렇다면 트로츠키는 어떻게 수단을 도출했어야 하는가? "수단을 사용한 실제 결과를 검토해서" 그렇게 했어야 한다고 듀이는 썼다. 두 요인의 진정한 상호 의존을 살펴보는 진정으로 과학적인 방법은 오직 이것뿐이다.

일반적 규칙에서 특수한 결론을 끄집어내는 연역과, 반복되는 여러 사례들을 바탕으로 일반화에 이르는 귀납을 듀이는 대립시켰다.

이런 대립은 근거 없는 것이다. 듀이가 암시하듯이, 트로츠키는 실제로 연역적 방법만을 이용해서 자의적으로 수단을 도출했는가? 트로츠키가 명시적으로 계급투쟁의 법칙과 요구에 따라 수단을 평가했다는 것은 분명하다. 그러나 계급투쟁의 법칙들은 마르크스주의자들이 마음대로 만들어 내고 사회에 강요한 것이 아니다. 그 법칙들은 과거 여러 세대에 걸친 사회적 과정을 엄밀한 과학적 방법에 따라 종합적으로 연구해서 끌어낸 것이다. 계급투쟁의 법칙들은 무엇보다 미국 역사를 포함한 문명의 역사에서 나타난 사실들을 분석해서 발전시킨 경험적 일반화다.

계급투쟁의 논리적 지위

그런 법칙들이 도출된 계급투쟁과 계급투쟁이 역사에서 하는 결정적 구실에 관한 엄청나게 많은 사실 자료들은 마르크스가 등장하기 오래전에 이미 관찰되고 기록됐다. 예컨대, 고대 그리스의 많은 작가와 역사가(투키디데스·아리스토텔레스·플라톤) 등은 그런 사실들을 주목하고 서술했다. 역사유물론자들이 실제로 한 일은 처음으로 그것들을 적절하고 정확하게 설명한 것이었다. 그들은 생산력의 성장, 사회적 분업, 상당한 잉여생산물의 존재 등을 통해 어떻게 계급이 생겨났는지, 그리고 왜 계급투쟁은 이렇게 증대하는 잉여생산물을 차지하는 방식을 둘러싸고 벌어졌는지를 설명했다.

이것은 단지 사회 발전에 관한 가설일 뿐인가? 도구주의자인* 듀이가 하고 싶은 말이 바로 그것이다. 그러나 계급투쟁이 하는 구실은 자유주의자들이 생각하는 것처럼 불확실하지 않다. 문명사회의 생활에서 계급투쟁은 단순한 가능성이나 우연, 단편적 사건에 불과한 것이 아니다. 그것은 필연성·확실성이다. 계급투쟁은 계급사회의 심층부에서 발생하는 근본적 요인들을 표현

---

* 도구주의 사유·개념·지식은 인간이 자신의 욕구를 실현하는 데 필요한 수단·도구이고, 이것의 가치는 현실에 적용됐을 때의 유효성에 따라 결정된다는 듀이의 인식론.

하는 일련의 확인된 법칙들에 따라 전개된다. 그 법칙들은 사회의 발전 수준이나 구체적 특수성과 상관없이 모든 형태의 계급사회에 적용된다.*

일단 계급투쟁을 규율하는 법칙들을 발견하고 정식화하고 확인하고 나면 다른 모든 과학 법칙처럼 적용할 수 있다. 이런 법칙 덕분에 연구자들은 사회의 구조와 내적 운동, 사회집단과 지도적 개인들을 더 깊이 조사할 수 있고, 그래서 어느 정도까지는 사회 발전을 예상하고, 상황에 따라서는 사회 발전을 이끌 수도 있다.

개념과 법칙의 성격

그러나 듀이 같은 도구주의자들은 가장 확실한 근거가 있는 예단조차 반대하는 선입견이 확고하다. 이런 반감은 도구주의

---

* 이 사실은 얼마 전에 프랑스의 노동자 출신 신부들도 인정한 바 있다. 그들은 노동자들 사이에서 마르크스주의라는 이단을 신봉하는 무신론적 유물론자들에 맞서 싸우라고 가톨릭교회가 파견한 사람들이었는데, 1953년 10월 5일 펠탱 추기경에게 보낸 편지에서 다음과 같이 썼다. "계급투쟁은 우리가 받아들이거나 거부할 수 있는 한낱 원칙이 아니라, 노동계급에게 강요되는 엄혹한 사실입니다." 그들은 이 주장을 철회하기를 거부했기 때문에 성직을 박탈당했다 — 지은이.

인식론의 으뜸가는 원리인데, 여기에는 태생적 모순이 있다. 도구주의자들은 옳게도 모든 것이 보편적으로 변화할 수 있다고 주장한다. 그러나 그들이 보기에 관념은 이상하게도 정태적 본질을 한결같이 유지한다. 관념은 타고난 가설적 성격을 잃지 않고, 결코 확실한 사실로 바뀔 수 없다. 사회와 과학이 어떻게 발전하고 어떤 결과를 낳든 그렇다.

이런 가정은 경험적이지도 않고 이성적이지도 않다. 실제로는 가설로 시작된 많은 관념이 과학적 연구와 입증된 실천의 결과로 뭔가 사뭇 다른 것으로 바뀐다. 관념이 검증된 진리, 과학적 법칙이 되는 것이다. 원자의 존재와 물질의 내적 원자 구조에 관한 이론은 고대 그리스에서 처음 제기됐을 때는 훌륭한 추측·직관이었을 뿐이다. 그러나 요즘은 타당한 진리가 됐고, 거기서 가장 폭발적인 결과를 도출할 수 있다. 그러나 실증주의자 에른스트 마흐와 마찬가지로 듀이에게도 원자는 실재가 아니라 "조작적 관념"일 뿐이다(*Logic*, p 153과 *The Quest for Certainty*, pp 119, 131 참조).

듀이는 계급투쟁의 법칙들이 "행동 방침이 다뤄야 할 실제 현상들의 특성과 종류를 예단하기" 때문에 근거가 확실하지 않다며 반대했다. 그러나 계급투쟁의 법칙들이 그렇게 하는 것은 원자의 운동에 관한 법칙이나 다른 어느 물리법칙이 그렇게 하는 것과 마찬가지다.

순수한 실용주의자들이 보기에 개념적 일반화는 모두 영원히 심판받고 있다. 그것이 참인지 거짓인지는 어떤 심판도 결정할 수 없다. 증거가 아무리 적절하고 아무리 많아도 상관없다. 왜 그런가? 실재에서 애매한 요소들을 결코 완전히 제거할 수 없고, 따라서 확정적이지 않고 임시적인 것을 과학적 사고에서 결코 배제할 수 없기 때문이다.

그들이 보기에 모든 개념은 상황이 바뀔 때마다 새롭게 평가돼야 하고 모든 결론은 철저하게 재확인돼야 한다. 그런 재평가와 재확인이 1000번쯤 되풀이되더라도 맨 처음보다 더 강제력이 있거나 질적으로 달라지는 것은 아니다. 도구주의자들은 마치 사람들이 언제나 맨손으로 선입견 없이 주위 세계를 대하고 새롭게 시작하는 것이 가능하고 또 필요하다는 듯이 말한다.

이것은 근본적으로 모든 획득된 지식, 모든 과학적 방법의 가치를 부정하고, 심지어 귀납법의 결과조차 부정하는 것이다. 젖먹이가 아니라면 어느 누구도 (역사적 경험에서 도출하고 실재를 직접 검토해서 끌어낸 예단의 축적을 포함해) 사회 발전의 누적된 자원들을 사용하지 않은 채 세계에 대응하거나 세계가 제기한 문제와 씨름하지 않는다.

이것들은 단지 추측 덩어리에 불과한 것이 아니다. 그것들은 대체로 확인된 정보와 검증된 일반화로 이뤄진다. 그러나 도구주의자들이 보기에는(만약 그들이 일관성 있다면) "관념은 실재를 드러내지 않기" 때문에 관념의 내용은 여전히 근본적으로 애매하고 영원히 가설적이다.

과학이 발전하면, 현상들의 생산과 그에 따른 법칙의 정식화를 결정하는 실제 힘에 관한 지식을 얻게 된다. 듀이는 실재의 애매함이라는 측면과 진정한 지식의 불확실성을 엄청나게 과장했다. 그는 실제 상황에 관한 확인된 진리를 미리 알고 그에 따라 행동할 수 있다는 것을 과소평가했고 심지어 원칙적으로 배제했다.

듀이는 자신이 쓴《논리학》에서 "모든 수단은 논리적으로 실험의 성격이 있고, 실제로도 그래야 한다"고 주장했다(*Logic*, p 508). 이 포괄적 주장은 논리적으로도 올바르지 않고 사실상으로도 완전하지 않다. 그것은 위험하고 오해의 소지가 있는 반쪽 진리다.

특정한 정책이 본질적으로 "실험의 성격이 있"는지 아니면 부수적으로만 그런지는 구체적 환경과 방침의 성격에 달려 있다. 대부분의 경우, 그 대책에 의심스러운 성격을 부여하는 애매한 수단이 불가피하다는 것은 분명하다. 그러나 이런 불확실하고 우연한 수단은 양적으로 그리고 질적으로 다양할 수 있다. 과학적 이론의 가치와 합리적 실천의 목적은 이런 불확실성과 우연을 최소한으로 줄이는 것이다.

산업의 실천에서 두 가지 사례를 들어 보자. 공장의 선반공은 드릴용 날이 특정한 경도의 강철을 자를 수 없을 만큼 무른지 아닌지를 미리 알 수 있다. 그는 목적을 위해 너무 무른 날은 사용하지 않으려 할 것이고, 확실히 나무못을 사용하지도 않을 것이다. 이 경우에 목적(금속을 특정한 형태와 크기로 가공하는 것)과 물질적 실재(금속의 경도)가 상호 작용해 원하는 생산물을 얻는 데 필요한 수단의 유형을 미리 결정한다.

왜 똑같은 규칙이 작업장의 실천에 적용되듯이 노사 관계에는 적용될 수 없는가? 똑같은 노동자가 자신과 동료들이 임금 인상을 요구하면 사용자가 어떻게 반응할지를 미리 알 수 없을까? 사용자는 특정한 유형의 사회적 실재다. 그는 물질적 이해관계 때문에 특정 수준의 경도를 갖게 된다. 즉, 자신의 생산비가 증가하고 이윤이 감소하는 것에 단호하게 저항한다. 노동자들은 자신들의 목적을 달성하려면, 특정한 종류의 사회적 도구들, [사용자의] 그런 저항을 극복할 수 있을 만큼 충분히 강력한 도구들이 필요하다. 바로 그 때문에 노동자들은 개인적 청원에 의존하지 않고 노동조합을 조직해서 파업을 벌이는 것이다.

여기서 우리는 문제의 핵심에 이르게 된다. 특정 상황의 불확실성이 무엇이든 간에 모든 임금 협상은 알 수 없는 요인들로 가득 찬 완전히 새로운 실험이 아니고 그럴 필요도 없다는 것이다. 노동자들과 사용자들은 전 세계에서 아주 오랫동안 서로 상대를 다룬 경험이 있다. 경험 많은 노조 지도부와 사정을 훤히 꿰고 있는 조합원들은 단체교섭에 들어갈 때 사회과학과 일상적 경험에서 얻은 기업주의 본성에 관한 지식으로 미리 무장할 수 있는데, 그런 지식은 노동자들의 정당한 요구에 반대하는 기업주를 다루는 데 도움이 된다.

만약 듀이가 요구하듯이, 모든 협상이나 모든 생산 행위를 이론적으로나 실천적으로 완전히 또는 대체로 실험적인 것으로 여긴다면 특정 수단이 다른 수단보다 투쟁의 필요에 더 적합하거나 더 나은 것이라고 미리 생각할 수 없을 것이다. 그러면 입증된 방법에 의존하지 않을 것이고 변덕스러운 온갖 혁신에 마구 휘둘리게 될 것이다.

그렇게 제한 없고 통제받지 않는 실험주의는 과학자들의 실제 방법과 현대 산업의 표준 방식에 완전히 낯선 것이다. 자동화한 공장 생산의 목적은 어떤 것도 우연에 맡기지 않고 [생산] 과정의 모든 요소들을 조절하는 것이다. 우연한 사고와 예외적 사건은 가장 잘 조절된 시스템에서도 일어난다. 그러나 이런 사고와 사건조차, 그런 이변이 허용 가능한 한계를 벗어날 때 그것을 발견해서 적시에 보완하고 바로잡기 위해 미리 설치된 도구들에 의해 예상된다. 자기 조절 시스템은 과학적 이론과 생산을 최고로 결합하는 핵발전소 같은 복잡한 산업 시설에는 특히 긴요한 것이다.

듀이는 과학과 산업의 가장 현대적인 방식들이 일상생활의 문제들로 확대되기를 바란다고 말했다. 그렇게 되려면, 사회생활의 가장 필수적인 영역들에서 마구잡이로 실험하는 특수한 종류의 영리기업은 축소돼야 하고 통제받아야 한다. 실험은 모든 활동 분야에서 꼭 필요하다. 과학과 산업은 모두 실험 행위를 위한 특별한 장소를 제공해서 이런 필요를 충족시킨다. 산업의 경우, 파일럿플랜트,* 실험실, 현장에서 이뤄지는 실험 작업은 이미 입증된 기술과 기계로 실행되는 대량생산과 신중하게 분리된다.

현대에는 계급 관계의 영역에서 서로 싸우는 사회 세력들이 겪는 수많은 경험과 심지어 실험도 있다. 이 다양한 행동 방식의 긍정적·부정적 결과들을 과학적 사회주의는 계급투쟁의 법칙들로 요약하고 노동자 정당의 강령으로 문서화했다. 이것들은 진보적 사회 세력이 투쟁을 벌일 때 [행동] 지침으로서 커다란 실천적 가치가 있다.

반면에, 실용주의적 관점은 모든 관념의 실제 물질적 지위보다는 형식적 평등에 바탕을 두고 있다. 그래서 모든 관념은 다른 관념과 마찬가지로 그 자체로 참되고 유용하고 효과적인 것이라고 생각한다. 마찬가지로, 상품 시장은 교환의 형식적 평등에 바탕을 둔 것으로 가정한다. 부르주아 법률은 모든 시민이

---

* 대규모 공장 생산 플랜트 건설에 착수하기 전에 공정, 설계, 조작 따위의 자료를 얻기 위해 먼저 만드는 소규모 시험 설비.

법 앞에서 형식적으로 평등하다는 데 바탕을 두고, 부르주아 민주주의는 모든 시민의 평등한 투표권에 바탕을 둔다고 가정한다. 이 모든 가정은 자본주의 사회의 실제 상황과 모순된다. 자본주의 사회는 경제적 불평등과 계급 차별로 가득 차 있기 때문이다.

현실에서는 모든 관념이 똑같이 좋은 것은 아니다. 어떤 관념은 다른 관념보다 더 참되고 더 낫다. 왜냐하면 모든 관념이 현실을 똑같이 잘 반영하거나 폭넓게 반영하지 않고, 따라서 행동 지침으로 쓰일 때 똑같은 결과를 낳지는 않기 때문이다.

목적과 수단의 상호 결정론

듀이는 목적과 수단이 상호 의존적이라고 생각한다. 그러나 목적은 수단에, 수단은 목적에 영향을 미칠 뿐이고 어느 것도 다른 것을 결정할 수 없고 충분한 물질적 조건들에 의해 미리 결정될 수 없다고 믿었다. 하나는 다른 하나만큼 조건적이고 가설적이라는 것이다.

예컨대, 착취는 나쁜 것이고 없어져야 한다. 그러나 듀이가 보기에 착취를 뿌리 뽑을 수 있는 방법은 수없이 많다. 계급투쟁으로도, 계급 합의로도, 둘을 결합해서도 착취를 뿌리 뽑을 수 있다. 이런 수단들 가운데 어느 것도 원하는 목적, 즉 자본주의적 착취의 폐지를 달성하는 데서 결정적이지 않다. 듀이의 추상적인 이론적 견해는 그렇다.

이것은 철저하게 공정한 견해처럼 보인다. 그러나 실천(어쨌든 실용주의자들에게는 실천이 결정적 시험이다)의 문제로 가면 그 자유주의자는 별로 공정하지 않다. 기질상 그는 최소 저항 방식을 선호하고 십중팔구 그 방식을 선택한다. 그에게 최대 저항 노선은 항상 최후의 수단이다. 이런 편견은 우연이 아니다. 그것은 사회적 존재인 그의 본성에서, 중간계급 지식인인 그의 이해관계와 세계관에서, 즉 서로 대립하는 두 사회적 진영의 중간에 존재한다는 모호한 처지에서 필연적으로 나오는 것이다.

좌파 자유주의자가 실제로 투쟁의 길을 선택할 때도 있다(그러나 마지못해 그리고 결정적인 상황의 압력에 떠밀려서 그럴 뿐이다). 그는 이런 방식이 어쨌든 현실과 맞지 않고, 자신을 포함해 모든 당사자의 최상의 이해관계와 일치하지 않는다고 느낀다. 사실, 계급투쟁 방식은 그의 중간적 위치와 정말로 모순된다. 중간적 위치에서 그는 자본과 노동, 백과 흑 사이의 적대관계로 말미암아 서로 반대되는 방향으로 이끌린다.

듀이가 트로츠키를 비판하는 둘째 주요 쟁점은, 마르크스주의자들이 사회적 행동의 수단을 선택할 때 고정불변의 법칙들에 호소하는 절대주의자라는 것이다. 듀이는 트로츠키가 실증적·과학적이지 않고 종교적 성향이 있고 이상주의적이라고 주장했다. 왜냐하면 트로츠키는 자신이 원하는 목적을 사회 발전에 강요하면서, 마치 "인간의 목적이 존재의 조직이나 구조 자체와 결합돼 있다"는 듯이 행동했기 때문이라는 것이다.

이런 비판은 얼마나 정당할까? 유물론자로서 트로츠키는 인간의 목적이 자연의 존재와 결합돼 있다고 결코 믿지 않았다. 그가 실제로 주장한 것은, 계급의 목적이 특정한 역사적 상황에서 사회적 존재의 "조직이나 구조 자체와" 객관적으로 결합돼 있다는 것이었다.

듀이는 이 점을 부인했다. 그가 보기에 사회에는 확정적인 조직과 구조가 없으므로, 사회 발전을 분석한다고 해서 계급들의 목적에 관한 일반적 법칙을 얻을 수 있는 것은 아니고 따라서 계급들의 행위를 행동의 근거로 추정하는 데 그런 법칙을 사용할 수도 없다.

계급들의 행위를 규율하는 확실한 법칙이 존재하지 않는다면, 사회적 목적을 달성하는 데 필수적인 수단(예컨대, 계급투쟁)도 존재할 수 없다. 확인 가능한 법칙도, 처방된 수단도 존재하지 않는다면, 무엇이 그것들을 대신하는가? 잠정적 추측, 희망하고 소원하는 계획, 실험적 노력이다. 행동하기 전에 다종다양한 수단, 원리상으로는 거의 모든 수단이 '의도한 목적'을 달성할 수 있다. 우리가 어디로 가고 있는지 또는 실제로 부딪힌 상황이 어떤 것인지 알지 못한다면, 우리는 아마 어떤 길로도

갈 수 있을 것이다.

그렇다면 도대체 무슨 근거로 우리는 다른 수단 말고 이 수단을 선택해야 하는가? 물론 듀이는 그런 선택 과정에서 기존의 지식과 경험을 사용할 수 있다는 것을 인정한다. 그러나 이것들은 결코 충분하거나 결정적이지 않다. 그것들의 가치는 그 사용 결과로만 입증된다.

불행히도, 결과는 수단이 선택된 뒤에만 나타난다. 그렇다면 과거의 누적된 결과에서 얻은 교훈들이 수단의 선택을 안내하고 결정할 수 없는 이유는 무엇인가? 비록 듀이는 이런 교훈을 배제하지 않지만 그것에 결정적 비중을 두지도 않는다. 실용주의자가 보기에는 미리 정해진 것이 아무리 많더라도 그것은 결코 확정적이지 않다. 결정은 오직 행동한 뒤에만 그리고 오직 그 특정 행동을 위해서만 이뤄지기 때문이다.

그러나 이것은 터무니없는 견해다. 사후에 결정된 것은 모두 다음 사실 전에 결정된 어떤 것으로 바뀐다는 사실을 무시해도 좋은 것으로 일축하기 때문이다. 듀이의 논리가 요구하는 바와 달리, 순수하게 잠정적인 상태에서 무한정 남아 있는 것은 아무것도 없다. 미리 결정된 물질적 요인들이 충분히 쌓이면, 우리는 발전의 방향과 결과를 예측할 수 있다.

사회법칙은 상대적인가 절대적인가?

현실과 동떨어진 듀이의 논리와 마르크스주의의 유물론적 논리, 즉 사건의 실제 발전 경로와 상태에 맞는 논리를 비교해 보라.

가장 필연적이고 보편적인 법칙을 포함해서 모든 법칙은 그것이 다루는 실재의 성격에 의해 그리고 인간이 만들고 역사적으로 발전한 정식화라는 그 자체의 성격에 의해 제한된다. 이 때문에 법칙은 상대적이고 조건적인 성격을 띠게 된다. 그러나 그것은 그 내용의 한 측면일 뿐이다. 그 법칙이 참이라면, 그것이 작용하는 영역 내의 과정과 현상에 대해서는 절대적이다.

예컨대, 우리가 논의한 사례에 나오는 계급투쟁의 법칙은 오직 계급사회라는 조건에서만 타당하다. 원시사회가 계급들로 분열하기 전에는 계급투쟁의 법칙을 적용할 수 없었을 뿐 아니라 생각할 수도 없었다. 역사적 과정의 다른 쪽 끝에 있는 사회주의적 미래에는 계급사회가 사라질 것이므로 계급투쟁의 법칙이 작용하는 분야가 점차 없어질 것이고 그 법칙은 뿌리부터 시들어 죽을 것이다.

따라서 사회관계를 규율하는 이런 법칙은 그것이 적용될 때 상대적이기도 하고 절대적이기도 하다. 그 상대성은, 사회가 원시적 집단주의에서 문명을 거쳐 사회주의로 진화하는 경로의 변화와 모순에 바탕을 두고 있다. 그 절대성은, 적대적 계급의 이해관계가 문명사회의 구조와 행위에서 하는 핵심적 구실에 바탕을 두고 있다.

계급 목적의 물질적 결정론

듀이는 사회생활이라는 현실이, 효과적인 사회적 행동과 밀접하게 연결된 진정한 윤리의 출발점과 토대여야 한다는 데 동의한다. 따라서 적대[적 계급] 관계로 분열된 사회에서는 서로 싸우는 계급들이 서로 다른 윤리적 요구를 제기하고 서로 다른 윤리적 판단을 내릴 것임을 인정해야 한다. 이 근본적 사실을 무시하게 되면, 결국 윤리라는 것은 허구적이거나 위선적일 수밖에 없고, 그런 윤리의 처방과 부합하는 어떤 행위도 나쁜 결과를 낳을 것이다.

듀이는 개인이 특정한 사회적·경제적 틀 안에서 활동한다는 것, 개인의 윤리는 공적 행위규범과 밀접하게 연결돼 있다는 것을 이해했다. 그는 사회적 목적이 윤리 문제에서 궁극적으로 결정적이라고 본다. 그러나 원하는 결과를 만들어 낼 수단을 실제로 결정하(고 결정해야 하)는 것은 무엇인가? 듀이는 학식이 풍부하거나 "창조적인 지성"이 나서서 그 일을 해야 한다고 가르쳤다.

이 점을 인정한다 해도, 가장 중요한 물음에 대한 답은 여전히 나오지 않는다. 이 사회에서 사람들이 어떻게 행동하는지, 그리고 어떤 종류의 행동이 지성적이고 창조적인지를 결정하는 것은 무엇인가? 여기서 결정적 요인은 자본주의 사회의 실제 계급 관계와 계급의 구실이다.

계급의 목적, 또 계급 구성원과 계급 운동의 목적을 실제로 결정하는 것은 계급의 물질적 필요와 이해관계다. 계급의 물질적 필요와 이해관계는 계급이 사회적 생산에서 하는 구실, 그리고 특정한 소유 형태와 맺고 있는 관계에서 생겨난다. 따라서 미국 자본가계급의 집단적 목적은 자신들의 경제체제를 보존하고 확대하는 것이다. 그것이 그들의 주된 목적이다. 그리고 그것이 우리 사회에서 모든 사람의 삶에 중대한 영향을 미치는 것과 꼭 마찬가지로 자본가계급에 속한 사람들의 행동도 결정한다.

그러나 똑같은 체제에서 활동하더라도 노동자들은 전혀 다른 목적을 갖고 있다. 그들이 그 사실을 개인적으로 알든 모르든 또는 충분히 이해하든 아니든 그렇다. 노동자들은 자본주의 사회에서 그들이 처한 생활조건과 노동조건의 필요 자체 때문에 착취를 억제하려고 노력할 수밖에 없다. 장기적으로 그들은 착취의 근원, 즉 생산수단과 교환수단의 사적 소유를 폐지하려고 할 수밖에 없을 것이다. 이 투쟁에서 노동자들은 그런 훌륭한 목적을 위해 스스로 생각해 낼 수 있는 투쟁 수단은 무엇이든 사용할 권리가 있다. 이런 무기는 노동조합운동부터 파업 행동까지, 정치조직부터 사회혁명까지 다양하다.

양립할 수 없는 목적들의 충돌이, 서로 싸우는 세력들이 어떤 수단을 사용할 것인지를 결정한다. 노동조합운동은 그 운동에 대항하는 운동을 불러일으킨다. 파업이 벌어지면 파업 파괴 행위가 뒤따른다. 사회주의적 목적을 가진 대중의 혁명적 정치 행동에 직면하면 자본주의의 지배자들은 부르주아 민주주의를 내던지고 군사독재나 파시즘에 의존한다. 투쟁의 역사적 경로는, 양극단의 결정적 계급 가운데 하나가 다른 하나를 물리치고 승리하게 되는 최후의 대결을 향해 나아간다. 마르크스주의자들은 이 투쟁에서 노동자들이 우세해지도록 의식적으로 노력한다.

이런 계급 목적은 비록 자본과 노동의 대변자들이 항상 정확히 파악하거나 명시하지 않더라도 확고하고 분명하다. 자본과 노동의 대변자들은 그들의 사회적·경제적 상황이 한 단계에서 다음 단계로 발전할 때 주위 상황 때문에 계급 목적에 맞게 행동할 수밖에 없다.

중간계급 자유주의의 구실

그러나 중간계급의 객관적인 역사적 목적, 그리고 중간계급을 대변하는 듀이 같은 지식인들의 역사적 목적은 무엇인가? 이론 영역에서 그들의 기능은 계급투쟁의 결정적 중요성, 적절하게 조직되고 지도된 계급투쟁의 필요성과 유효성을 부인하는 것이다. 실천에서 그들은 흔히 (노동계급의 적들이 여전히 거리낌 없고 강력한데도) 노동계급이 계급투쟁을 발전시키지 못하도록 억제하려 애쓴다. 이것은 사회과학·정치학·경제학에서 (그리고 윤리에서도) 가망 없는 반동적 과제다.

듀이는 수단을 선택하고 목적을 모호하게 해서, 우리 사회에서 계급투쟁을 가장 잘 중재하고 누그러뜨리고 싶어 하는 중간계급 자유주의자들의 철학적 대변자로서 분명한 사회적 기능을 했다. 마찬가지로 트로츠키가 대변한 혁명적 마르크스주의자들도 수단과 목적을 선택할 때, 노동자 대중의 근본적·장기적 이해관계의 옹호자 구실을 한다. 두 집단의 수단과 목적은 원칙에서든 실천에서든 그들의 계급적 기능과 충성도에 의해 결정된다.

윤리를 훈계하는 많은 자유주의자들은, 수단을 정당화하는 것이 오직 목적 달성에 유용하다는 점뿐이라면 가장 사악한 실천도 허용되고 스탈린주의 같은 혐오스러운 전체주의로 가는 문이 열린다고 주장했다. 트로츠키는 이런 주장을 반박하면서, 모든 수단이 계급투쟁에 적절한 것이 아니라 오직 인간 해방에 실제로 도움이 되는 수단만이 적절하다고 대답했다.

"우리의 대답은 다음과 같다. 혁명적 프롤레타리아를 결속하고, 그들의 마음을 억압에 대한 화해할 수 없는 적개심으로 채우며, 기성 윤리와 그것을 옹호하는 민주주의자들을 경멸하도록 가르치고, 프롤레타리아가 자신의 역사적 사명을 자각하도록 격려하며, 투쟁 속에서 용기와 자기희생 정신을 발휘하도록 북돋는 수단, 오로지 그런 수단만이 허용되고 필수적이다."

실용주의적 자유주의자들의 주장, 즉 그들의 윤리가 이론과 실천에서 마르크스주의자들의 윤리보다 우월하다는 주장은 근거가 없다. 그들의 윤리에 믿을 만한 과학적 기초가 없는 이유는, 현대 생활에서 사회적 관계를 형성하고 개인의 행동에 동기를 부여하는 데서 가장 근본적인 요인인 계급의 분열과 투쟁을 체계적으로 무시하기 때문이다. 이런 사회적 현실을 인정하지 않기 때문에 그들의 도덕적 명령은 효과가 없는 것이 되고 만다. 이것은 그들이 염원하는 평등·협력·평화라는 칭찬할 만한 이상을 고취하는 것을 방해하는 데 그치지 않는다. 그들은 삶의 사실들에 눈을 감기 때문에 실제로는 기존 체제의 해악에 대항하는 주요 세력들이 방향감각을 잃고 올바른 길로 못 나아가게 억눌러서 반동 세력을 강화하는 데 일조한다.

이 점은 오늘날 자유주의자와 평화주의자가 백인 우월주의자들의 테러리즘과 흑인들이 그런 테러에 맞서 사용하는 자기방어 조처들을 '공평무사하게' 비난하고 질책하는 데서 분명히 드러난다. 이것은 똑같은 윤리적·정치적 견해, 즉 미국의 공격적 폭력과 자유·통일·독립·사회진보를 위해 반제국주의 투쟁을 벌이는 콩고·도미니카공화국·베트남 민중들의 혁명적 행동을 동렬에 놓는 견해의 요점이다. 그런 잘못된 판단은 서로 싸우는 양측의 구체적 계급 이해관계와 정치적 목적을 분석하지 않은 채 추상적 윤리 규범과 행위의 절대적 보편성을 현실의 역사적 상황에 적용한 데서 비롯한다.

과학적 사회주의의 혁명적 윤리가 효과적이고 진보적인 이유는, 노동 대중의 해방에 필요한 세계관과 가치를 제공하기 때문이다. 그것은 자신들이 쟁취하려고 애쓰는 대의명분이 정당하다는 노동 대중의 정서를 이론적으로 일반화하고 정당화한다. 또, 노동 대중의 목적이 무엇인지를 설명해 주고, 그 목적을 실현하는 데 필요한 수단이 무엇인지를 밝혀 준다. 고대 도덕주의자의 간명한 표현을 빌리면, "너희가 진리를 알지니, 진리가 너희를 자유케 하리라."

1965년 7월 26일

부록

트로츠키와
빅토르 세르주의 논쟁

부록 1

1939년 프랑스어판의 소개글

[다음은 《그들의 윤리, 우리의 윤리》 1939년 프랑스어판에 실린 홍보용 소개글을 번역한 것이다 — 영어판 편집자.]

이 글은 매우 최근에 쓰인 책을 다룬다.

트로츠키가 보기에는 윤리 그 자체, 영원한 윤리라는 이상 따위는 없다. 윤리는 사회마다 다르고, 시대마다 다르고, 특히 사회 계급들의 이해관계에 따라 다르다.

오늘날 대다수 나라는 부르주아 윤리 아래서 살고 있다. 자유민주주의가 지배하는 나라들에서 부르주아지의 이해관계는 이상적 윤리 뒤에 감춰져 있는데, 물론 이 윤리는 부르주아지의 이해관계와 일치하는 것이다.

참된 윤리는 프롤레타리아로 대표되는 인류 자체의 이해관계를 옹호해야 한다. 트로츠키의 견해는 그의 정당, 즉 전에는 집권 당이었지만 이제는 야당이 된 정당이 진정한 프롤레타리아를 항상 대표했고 그 자신은 진정한 윤리를 항상 대표했다는 것이다.

여기서 그가 얻은 결론은, 말하자면 다음과 같은 것이다. 인질을 총살하는 것은 그 총살 명령을 내린 사람이 스탈린이냐 트로츠키냐 부르주아지냐에 따라 완전히 다른 의미를 갖게 된다. 그런 명령은 그 목적과 전술적 결과가 프롤레타리아의 혁명적 승리라면 윤리적으로 타당하다. 그래서 트로츠키는 1919년에 자신이 제정한 포고령, 즉 (적의 아내와 자녀를 잡아 두는) 인질 제도를 허가한 포고령은 옹호하는 반면, 똑같은 제도를 스탈린이 사용하면(스탈린은, 예컨대 소련 외교관을 본국으로 소환하고 싶으면 그 가족을 위협한다) 매우 끔찍한 짓이라고 비난한다. 왜냐하면 스탈린은 프롤레타리아에 맞서 관료 집단을 옹호하는 식으로 행동하기 때문이라는 것이다.

트로츠키는 레닌을 토대로 해서, 목적이 수단을 정당화한다고 말한다.(단, 수단이 효과적이어야 한다는 조건이 있다. 예컨대, 개인적 테러리즘은 대체로 효과적이지 않다.) 이런 태도에 회의적 태도 따위는 전혀 없고 단지 사실의 진술만이 있을 뿐이라고 지은이는 말한다. 그리고 예민한 양심은 바로 이런 사실에 복종해야 한다고 트로츠키는 말한다. 이것이 그의 윤리적 관념을 구성한다.

이 저작의 내용은 분명 완전히 새롭지는 않지만, 결코 이토록 명료하게 표현된 적도 없고 이토록 확실하게 정식화된 적도 없다. 좌파적 지식인과 작가 집단 전체에게 속임수와 폭력은 항상 그 자체로 나쁜 것이다. 그 결과는 오직 해악뿐이기 때문이다. 트로츠키에게 속임수와 폭력은 만약 그것들이 정당한 목적에 이바지한다면 주저하지 말고 사용해야 하고, 따라서 오히려 좋은 것이다.

부록 2

빅토르 세르주의 부인과 항의

[영국의 정기간행물 〈피스 뉴스〉 1963년 12월 27일 자에는 빅토르 세르주가 쓴 "비밀 유지와 혁명 — 트로츠키에 대한 답변"이라는 글이 실렸다. 〈피스 뉴스〉 편집자는 머리말에서 다음과 같이 설명했다. 그 글은《한 혁명가의 회고록, 1901~1941》을 편집하고 번역한 피터 세지윅이 세르주 글을 모아 놓은 문서철 사이에서 발견됐는데, 아직까지 알려진 바로는 어디서도 출판된 적이 없고, 십중팔구 트로츠키가 세르주를 비판한 "마르크스주의에 반대하는 도덕주의자들과 아첨꾼들"이라는 글이 발표된 뒤인 1939년에 쓰였다. 다음은 세르주의 글에서 발췌한 것이다 — 영어판 편집자.]

트로츠키는 내가 프랑스어로 번역한 그의 소책자《그들의 윤리, 우리의 윤리》를 "가장 신랄하게 비판한" 사람이 바로 나라고 비난한다. 그러나 나는 그의 소책자와 관련해서 결코 단 한 줄도 글로 발표한 적 없다. 어떤 출판물에서도 그러지 않았고 어떤 형태나 종류로도 결코 그러지 않았다.

트로츠키는 그의 소책자를 언론에 배포할 때 쓰이는 홍보용 소개글을 내가 썼다고 믿는다. 이 문제와 관련해서도 나는 매우 짜증난다. 그래서 [내가 아니라고] 무조건 부인하는 답변을 그에게 해야 한다. 나는 그 소개글을 쓰지 않았다. 나는 직접적이든 간접적이든 그 글의 작성에 아무 구실도 하지 않았다. 나는 그 글을 누가 썼는지 전혀 알지 못한다. 그리고 관심도 없다. 이 정도면 충분히 분명하지 않을까? 트로츠키는 이런 허위 비방을 장황한 주장으로 만들기 전에 출판사나 나 자신에게 또는 다른 관계자들에게 먼저 물어 보는 것이 현명했을 것이다. 가장 기본적인 정확성을 위해서라도 그렇게 해야 했을 것이다.

부록 3

트로츠키의 답변

[빅토르 세르주가 1939년 8월 9일 자 편지에서 부인하고 항의했음을 트로츠키가 알았다는 것은 다음 글을 보면 분명히 알 수 있다. 이 글은 러시아어로 발행된 〈반대파 소식지〉 79~80호(1939년 8~9월 호)에 실렸다. 제목은 "빅토르 세르주의 또 다른 반박"이다 — 영어판 편집자.]

"도덕주의자들과 아첨꾼들"이라는 글에서 나는 빅토르 세르주가 내 소책자 《그들의 윤리, 우리의 윤리》 프랑스어판의 홍보용 소개글 작성에 참여했다고 추정(주장이 아니라 추정)한 바 있다. 세르주 자신이 아니라면, 그의 제자나 동료 중 한 명일 것이라고 했다. 그 소개글을 빅토르 세르주가 썼을 것이라고 추정한 사람은 나 말고도 여럿 있었는데, 그들은 모두 서로 전혀 무관하게 똑같은 생각을 했다. 또, 그 소개글은 빅토르 세르주가 최근에 늘어놓은 훈계들을 단순히 요약한 것이어서 그런 추정은 결코 우연이 아니었다.

빅토르 세르주는 8월 9일 자 편지에서 자신은 그 소개글의 작성과 완전히 무관하다고 말했다. 나는 그의 말을 기꺼이 인정하겠다.

그러나 빅토르 세르주는 거기서 그치지 않는다. 그는 다음과 같이 말했다. "당신이 제 책임으로 돌리는 주장들은 모두 제가 그동안 책과 글에서 내전과 사회주의 윤리에 관해 쓴 내용과 현저하게 다르다는 것을 덧붙이겠습니다." 나는 이 말에 결코 동의할 수 없다. 빅토르 세르주는 다양한 시기에 다양한 내용의 글을 썼다. 그러나 나는 그가 지금 주장하는 견해, 즉 프롤레타리아의 계급투쟁을 프티부르주아 윤리 규범에 종속시키는 경향이 있는 견해에 관해 말하고 있다.

빅토르 세르주는 끊임없는 불평과 순전히 형식적인 논박을 하는 데 열을 올리지 말고, 근본적인 혁명적 과제나 적어도 혁명적 윤리에 관한 자신의 견해를 간결하고 정확하게 정식화하려고 노력했다면 잘 해냈을 것이다. 우리는 미리 다음과 같이 말해 둔다. 그는 그런 일을 결코 하지 않을 것이다. 왜냐하면 그에게는 분명한 견해가 없기 때문이다. 오히려 그는 혼란스럽고 불확실한 정서, 마르크스주의와 프롤레타리아 혁명에 대한 환멸·불만·혐오에 사로잡혀 있다. 점점 더 프티부르주아 회의주의의 영향력에 휘둘리는 빅토르 세르주는 사사건건 자기 모순에 빠지고, "자신을 이해하지 못하고 왜곡을 일삼는" 다른 사람들에게 불만을 느낀다. 따라서 그의 반박은 끝이 없을 것이고, 이렇다 할 정치적 내용도 전혀 없을 것이다.

레온 트로츠키

1939년 9월 7일 코요아칸에서

인물·단체·간행물 설명

POUM 마르크스주의통일노동자당. 스페인 내전 당시 활동한 중간주의 좌파 조직. 스탈린의 반혁명 정책에는 반대했으나 혁명적 경향과 개혁주의 경향 사이에서 동요하다가 투쟁의 기회를 놓쳤다. 1936년 인민전선 정부에 참여했다.

게페우 스탈린의 비밀 정치경찰. KGB의 전신이다.

겐리흐 야고다(1891~1938) 1934~1936년에 게페우의 우두머리였고 1차 모스크바 재판을 조직했다. 3차 모스크바 재판에서 트로츠키주의자로 몰려 처형당했다.

네빌 체임벌린(1869~1940) 영국의 보수당 정치인. 1937~1940년 총리였고 1938년 뮌헨 협정에 서명했다.

네스토르 마흐노(1888~1934) 우크라이나 아나키스트. 러시아 내전 때 농민군을 조직해 처음에는 백군(白軍)에 맞서, 나중에는 적군(赤軍)에 맞서 싸웠다. 내전 말엽에 결국 적군에 진압당했다.

노먼 토머스(1884~1968) 미국 사회당 지도자. 대선에 여섯 번 출마했다.

〈노이어 베크〉(새로운 길) 1931년 독일 사회민주당에서 떨어져 나온 중간주의 단체인 사회주의노동자당(SAPD)이 1937년 모스크바 재판 문제를 놓고 다시 분열했다. 모스크바 재판을 비판해야 한다고 주장하다 제명된 소수파가 발행한 신문이 〈노이어 베크〉다.

니콜라이 베르댜예프(1874~1948) 러시아의 반동적 관념론자이자 신비주의자. 초기에는 마르크스주의자를 자처했다.

니콜라이 예조프(1895~1940) 1936~1938년 겐리흐 야고다 후임으로 게페우를 이끌었다. 모스크바 재판이 끝난 뒤 1940년에 반역자로 몰려 처형당했다.

데니스 프릿(1887~1972) 영국의 변호사이자 정치인. 모스크바 재판을 옹호했고 1940년 소련의 핀란드 침공을 지지해 노동당에서 제명됐다. 1954년 소련 정부에게서 스탈린평화상을 받았다.

독립노동당(ILP) 1893년 창당한 영국의 좌파 사회민주주의 정당. 1931년까지 노동당에 속해 있었고 1930년대 중엽에는 중간주의 단체인 런던사무국에 가맹했으며 1939년에 노동당으로 복귀했다.

런던사무국 주류 사회민주주의와 코민테른 양쪽을 다 거부한 중간주의 단체들의 국제기구. 1932년 설립됐고 영국 독립노동당, 스페인 마르크스주의통일노동자당, 노르웨이 노동당 등이 속해 있었다.

레몽 로젠마르크(1885~1950) 프랑스 인권동맹의 회원이자 변호사.

스탈린주의자들이 모스크바 재판을 눈가림하고 호도하는 데 이용한 문서의 작성자였다.

레몽 몰리니에(1904~1994) 좌익반대파를 지지한 프랑스의 좌파 활동가. 1935년 조직의 결정을 위배해 제명됐다.

레온 세도프(1906~1938) 본명은 레프 르보비치 세도프. 트로츠키의 큰아들로 좌익반대파 지도자였다. 파리에서 게페우 요원에게 암살당했다.

레옹 블룸(1872~1950) 프랑스 사회당 지도자. 1936~1937년 인민전선 정부 총리였다.

로맹 롤랑(1866~1944) 프랑스의 저명한 작가. 제1차세계대전에 반대했다. 러시아에서 좌익반대파 활동가인 빅토르 세르주가 수감되자 구명 운동을 벌이기도 했으나 1930년대 말부터는 스탈린주의를 옹호했다.

루이스 피셔(1896~1970) 미국의 저널리스트. 모스크바 재판을 옹호했다. 나중에는 태도를 바꿔 공산주의를 비판하는 《실패한 신》(1949)을 공저했다.

리스턴 오크(1895~1970) 미국의 저널리스트. 1937년까지 스탈린주의자였다가 사회민주주의자로 전향했다.

마그들렌 파즈(1889~1973) 프랑스의 작가이자 공산당 당원이었다. 1920년대에 트로츠키를 지지해 당에서 제명됐다. 그러나 1930년대에는 마르크스주의를 버리고 평화주의로 전향했다.

마누엘 아사냐(1880~1940) 스페인의 자유주의적 공화주의자.

1936~1939년 스페인 인민전선 정부의 총리와 대통령을 지냈다.

마르소 피베르(1895~1958) 1936~1937년 프랑스 인민전선 정부의 홍보 보좌관을 지냈다. 사회당을 떠나 중간주의 정당인 노동자·농민사회당(PSOP)를 건설했으나 비시 정부의 탄압으로 붕괴해 다시 사회당으로 돌아갔다.

마르틴 트란멜(1879~1967) 노르웨이 노동당 지도자. 노동당을 이끌고 코민테른에 가입했다가 1923년에 탈퇴했다. 제2차세계대전 이후 온건해져서 1949년 노르웨이의 나토 가입을 지지했다.

맥스 이스트먼(1883~1969) 미국의 작가로 《러시아 혁명사》 등 트로츠키 저작 몇 권을 번역했다. 1930년대 말에 마르크스주의와 결별해 우파로 전향했다.

모리스 토레즈(1900~1964) 1930~1964년 프랑스 공산당 사무총장.

뮌헨 협정 1938년 독일·이탈리아·프랑스·영국이 맺은 협정으로 히틀러의 체코슬로바키아 점령을 승인했다.

미하일 투하쳅스키(1893~1937) 내전기에 적군(赤軍)을 이끌었고 소련군 총사령관이 됐다. 스탈린에게 처형당했다.

발터 크리비츠키(1899~1941) 소련 정보국의 서유럽 책임자였다가 서방으로 귀순했다. 암살로 의심되는 의문의 죽음을 맞았다.

보리스 수바린(1893~1984) 프랑스 공산당 설립자. 1924년 좌익반대파를 지지해 당에서 제명됐으나 점점 개혁주의로 이동했다.

블라디미르 젠지노프(1880~1953) 사회혁명당 지도자. 10월 혁명에 반대했고 내전기에 등장한 여러 반(反)볼셰비키 정부에 참여했다.

빅토르 바슈(1863~1944) 프랑스 인권동맹의 회장.

빅토르 세르주(1890~1947) 작가이자 소설가. 제1차세계대전 전에는 아나키스트 운동에 참여했으나 10월 혁명 이후에는 러시아 혁명에 뛰어들어 활동했고 코민테른의 기관지 편집에 참여했다. 좌익반대파에 가담해 스탈린 체제에 맞서다 1928년 공산당에서 쫓겨났고 1933년 체포·투옥됐다. 프랑스에서 벌어진 석방 캠페인의 결과로 1936년 석방됐다. 얼마 후 제4인터내셔널과 결별했다.

사회혁명당 1917년 러시아 혁명 당시 농민의 지지를 받은 정당. 사회혁명당 좌파는 10월 혁명 뒤에 볼셰비키와 연립정부를 구성했으나 나중에는 볼셰비키에 맞서 무장 저항에 나섰다.

샤를 라포포르(1865~1941) 러시아 혁명가. 프랑스로 이주해 사회당 지도자가 됐다가 나중에 공산당 창당을 이끌었다. 1938년에 공산당과 결별하고 사회당에 복당했다.

세르게이 불가코프(1871~1944) 1890년대에 마르크스주의자를 자처했으나 나중에 부르주아 경제학자이자 관념론자가 됐다.

세르게이 키로프(1886~1934) 레닌그라드 공산당 제1서기. 1934년 12월 의문의 암살을 당했다. 이 암살을 구실로 당내 고참 볼셰비키에 대한 숙청이 시작됐다.

안드레이 비신스키(1883~1954) 모스크바 재판의 수석 검사. 1949~1953년 소련 외무 장관을 지냈다.

알렉산드르 케렌스키(1881~1970) 1917년 2월 혁명으로 수립된 부르주아 임시정부에 들어가 7월부터 총리를 맡았다. 10월 혁명으로 권좌에서 쫓겨난 뒤 해외에서 반(反)볼셰비키 활동을 벌였다.

암스테르담인터내셔널(국제노동조합연맹, IFTU) 사회민주주의 노조 지도자들이 만든 국제기구. 제2차세계대전이 벌어지자 사라졌다.

앙리 드망(1885~1953) 벨기에 노동당 지도자. 마르크스주의에 기독교적 요소를 도입하려 했다. 제2차세계대전이 터져 독일군이 벨기에를 점령하자 나치에 협력해 꼭두각시 정부를 이끌었다.

앤서니 섀프츠베리(1671~1713) 영국의 철학자이자 윤리학자. 존 로크의 제자였다. 개인의 행복과 공공의 복리를 조화시킬 수 있는 윤리 의식이 인간에게 내재해 있다고 주장했다.

야코프 발허(1887~1970) 독일 공산당 초기 지도자로 1929년 제명된 뒤 중간주의적인 독일 사회주의노동자당(SAPD)을 이끌었다. 제2차세계대전 후에 공산당에 복귀했다.

에두아르 달라디에(1884~1970) 프랑스 급진당의 지도자였다. 1933~1934년과 1938~1940년 총리였고, 1938년 뮌헨 협정에 서명했다.

에리히 루덴도르프(1865~1937) 제1차세계대전 당시 독일군 참모차장.

에밀 루트비히(1881~1948) 독일의 위인전 작가.

에밀 반데어벨데(1866~1938) 벨기에 노동당 지도자. 제1차세계대전이 터지자 자국 정부를 지지하며 부르주아 연립정부에 입각했다.

오토 바우어(1881~1938) 오스트리아 사회민주당 지도자.

월도 프랭크(1889~1967) 미국의 작가. 공산당이 주도하는 미국작가연맹의 위원장을 지냈으나 모스크바 재판에 대한 이견으로 공산당을 떠났다.

월터 듀런티(1884~1957) 〈뉴욕 타임스〉의 모스크바 통신원. 모스크바 재판을 옹호했다.

윌리엄 그린(1873~1952) 1924년부터 오랫동안 미국노동총동맹(AFL) 위원장을 지낸 우파적 노동운동 지도자.

유진 라이언스(1898~1985) 미국의 저널리스트이자 작가였다. 1920~1930년대에는 급진적이었지만 스탈린주의에 환멸을 느껴 마르크스주의와 결별했다.

이오나 야키르(1896~1937) 소련군 장군. 3차 모스크바 재판에서 처형당했다.

인권동맹(LDH) 드레퓌스 사건을 계기로 1898년 설립된 프랑스 인권 운동 단체.

제이 러브스톤(1897~1990) 미국 공산당 초기 지도자. 1929년에 공산당에서 제명된 뒤 공산당반대파를 만들었다. 훗날 미국 노총(AFL-CIO) 간부가 돼 제국주의를 지지하며 반공산주의 활동을 했다.

조르주 페레컨(1896~1978) 1930년대 벨기에의 종파주의적 좌익반대파 경향의 지도자.

존 L 루이스(1880~1969) 미국 산업별노동조합회의 초대 위원장.

체카 1917년 10월 혁명 이후 내전에 대응해 페트로그라드 소비에트가 설립한 '반혁명과 사보타주에 맞서는 전 러시아 특별위원회'의 줄임말이다.

카를 포어렌더(1860~1919) 독일의 철학자. 사회주의와 칸트주의를 결합하려 했다.

《커먼 센스》(상식) 1932~1946년에 발행된 미국의 월간지. 자유주의 좌파를 표방했고 공산주의에 비판적이었다.

파트리스 드 마크마옹(1808~1903) 프랑스의 군국주의자이자 부르주아 정치인. 1871년 파리코뮌 유혈 진압을 지휘했고 1873년 대통령이 됐다.

페너 브록웨이(1888~1988) 영국 독립노동당 지도자. 런던사무국 의장이었다.

페르디난트 라살(1825~1864) 전독일노동자협회(ADAV)의 창시자. 국가를 통한 사회주의 도입을 꿈꾸며 비스마르크와 협력했다.

폴앙리 스파크(1899~1972) 1930년대 초에는 벨기에 노동당 좌파였으나 곧 우경화해 1935년 부르주아 연립정부에 입각했다. 1957년에는 나토 사무총장이 된다.

표트르 스트루베(1870~1944) 러시아 사회민주노동당의 초기 지도자. 자유주의자로 변신했다가 1905년부터 우파가 됐다. 1917년 10월 혁명에 반대해 백군을 지지했다. 독일계 러시아인이었다.

프란시스코 라르고 카바예로(1869~1946) 스페인 사회당의 좌파 지도자. 1936~1967년 인민전선 정부의 총리였다.

하인리히 브란들러(1881~1967) 1920년대 독일 공산당 지도자였다.

1929년 공산당에서 제명된 뒤 공산당반대파(KPO)를 이끌었다.

허버트 스펜서(1820~1903) 개인주의를 옹호한 영국 철학자. 사회 발전을 적자생존으로 설명하는 사회진화론을 발전시켰다.

허버트 조지 웰스(1866~1946) 《타임머신》, 《우주 전쟁》 등을 쓴 영국의 대중문학 작가. 영국의 식민정책을 비판했고 트로츠키의 영국 망명 허용에 힘썼지만, 제1차세계대전 당시 자국 정부를 지지하는 등 정치적으로는 개혁주의자였다.

헹크 스네이블릿(1883~1942) 네덜란드 공산당과 좌익반대파 지도자였으나 1938년 제4인터내셔널과 결별했다.

후안 가르시아 올리베르(1901~1980) 스페인 내전 당시 인민전선 정부에 참여한 아나키스트 지도자. 정부군이 바르셀로나 노동자 봉기를 진압하도록 도왔다.

후안 네그린(1889~1956) 카바예로의 뒤를 이은 스페인 인민전선 정부의 총리.

해제

해제 1

마르크스주의 윤리와 노동계급 자력 해방

옮긴이 최일붕

'윤리' 하면 흔히 추상적 보편 윤리를 떠올린다. 살인하지 마라. 도둑질하지 마라. 거짓 증언하지 마라. 효도해라. 이웃을 사랑해라 등등. 우리가 학교에서 배우는 윤리는 바로 이 같은 윤리적 제약 조건들에 관한 것이다.

보편 윤리를 대표하는 이론인 칸트 윤리학의 대전제는 욕구와 의무의 이분법이다. 이에 따르면, 윤리는 욕구를 억제할 의무라고 요약할 수 있다.

이런 윤리는 다른 모든 근대 윤리와 마찬가지로, 이기적 개인들로 이뤄진 사회 속에서 공동선(공익)을 어떻게 명확히 표현할 것인가 하는 물음에 답변하려는 시도다.

이런 시도는 오늘날 다시 공명을 얻고 있는데, 주로 신자유주의 때문이다. 오늘날 국가와 교육과 언론은 사람들에게 주로 소비자라는 자각을 심어 주려 하고, 성공한 인생을 많은 소비재를 살 능력과 똑같은 것으로 본다. 탐욕이 미덕인 양 찬양·고무된다. 욕구 대 (그것을 이겨 낼) 의무라는 이분법이 다시 유행하는 이유다.

그러나 칸트 윤리학을 포함해 일반으로 자유주의 윤리는 계급투쟁으로 사람들의 가치관이 변한다는 점을 이해하지 못한다. 그래서 그저 욕구를 이겨 낼 의무라는 윤리 원칙만을 제시할 수 있는데, 그나마 형편이나 경우에 따라 이렇게 저렇게 다소 변동될 수 있는 다소 유동적인 원칙이다.

불확실성과 유동성을 강조하는 포스트모더니즘·포스트구조주의는 이 유동성을 상대주의에 가깝게 증폭한다.

학교(칸트식) 윤리와 달리 마르크스주의는 추상적 윤리를 설교하지 않는다. 특히 《독일 이데올로기》와 《고타강령 비판》에는 마르크스와 엥겔스가 도덕주의(훈계)를 싫어한다는 점이 분명하게 드러나 있다.

그러나 인간성을 말살하는 자본주의의 파괴적 효과들에 대한 마르크스와 엥겔스의 의분義憤은, 직접 표현되지 않더라도 그들의 정치적·경제적 저술들 곳곳에 내포돼 있다. 그러므로 마르크스주의 윤리는 그들의 저작 속에 함축된 윤리적 코드를

풀어야 밝혀질 것이다.

윤리는 인간의 필요와 욕구로부터 발전해 나왔지만(아리스토텔레스), 인간 본성은 고정불변이 아니라 역사적인 것이므로(마르크스), 윤리 관념과 규범은 역사적이다.

윤리 규범이 역사나 사회 바깥에서 생겨나지 않았으므로 윤리 규범은 사회마다 다르다. 그래서 어느 사회에서 용인되는 행위가 다른 사회에서는 용인되지 않을 수 있다. 가령 동성애는 고대 그리스에서는 전혀 문제시되지 않았지만, 자본주의 사회에서는 대개 용인되지 않는다. 또, 고리대금업은 서양 중세 사회에서는 비윤리적 행위였지만, 오늘날에는 금융 투자라며 장려된다.

윤리 규범은 또한 계급이나 사회집단에 따라 다르다. '대체 인력'은 사용자에게는 좋은 일을 하는 것이지만, 파업 노동자들에게는 나쁜 짓을 하는 것이다. 폭력과 거짓말은 잘못이라지만, 지배계급의 처지에서 보면 경찰의 파업 파괴와 집회 강제 해산은 폭력이 아니라 '공'권력이고, 정부의 공무원 연금 삭감 계획은 기만이 아니라 하나의 '개혁안'으로 진중하게 고려된다. 국가가 다른 국가와 전쟁하면서 교전국 시민과 병사를 폭격하는 행위는 언론에서 살인이라고 불리지 않는다.

윤리 규범의 이런 구체적 맥락 문제와 관련해 주로 목적과 수단의 관계를 살펴보고자 한다.

이상주의자의 목적과 수단

구체적 맥락을 고려하지 않는 추상적 윤리는 목적이 옳아도 수단은 수단대로 그 옳고 그름을 판단해야 한다고 주장한다. 그리하여 목적과 수단 둘 다 옳아야 한다는 것이다. 모든 상황에서 수단은 추구하는 목적을 미리 구현해야 한다는 것이다. 추상적 윤리는 이상주의적이 된다.

이상주의 윤리는 일부 아나키스트들의 지지를 받는데, 이들은 좌파가 속임수와 폭력을 사용해서는 결코 안 된다고 주장한다. 그러한 수단을 통해 변화시킨 사회는 이전과 마찬가지로 부패하고 불공평하고 비민주적이고 억압적일 수밖에 없다고 주장한다.

그러나 이상주의 윤리는 비현실적이라는 명백한 난점이 있다. 예컨대 터무니없이 '종북'으로 몰려 지명수배를 받고 있는 사람을 당신이 숨겨 주고 있다고 가정하자. 어느 날 경찰 상부로부터 지역 탐문 수사를 지시받은 인근 파출소 경관이 간첩 신고를 명분으로 호별 방문을 하다가 당신 집 문을 두드린다. 그리고 당신에게 '혼자 사시냐'고 은근히 떠보는 질문을 하면서 집 안쪽을 살펴본다. 이때 당신은 진실을 말해야 하는가? 거짓말하는 게 싫어 침묵하는 방법도 있지만, 이 구체적 상황에서 묵비는 공연히 의심만 더 살 것이다.

트로츠키도 《그들의 윤리, 우리의 윤리》(뒤에서 자세히 다룰 것임)에서 이상주의 윤리를 비판하면서 다음과 같은 사례들을 든다. 요약하자면,

전쟁에서 아군의 '진실'을 적군에 누설하는 군인은 스파이로 처벌받는다.
파업 참가자들의 계획에 관한 '진실'을 자본가에게 숨기지 않는 노동자는 경멸과 배척을 당해도 싼 배신자일 뿐이다.
독일 프롤레타리아가 히틀러의 경찰을 속이지 않아도 될까?
스페인 내전 상황에서 파시즘의 승리를 원하지 않는다면 이 전쟁의 폭력에 관여하는 것만이 윤리적인 일이다.
(민주주의와 프랑스 혁명의 관계를 사례로 들어) 민주주의는 결코 민주적 방식으로 탄생하지 않았다. 오히려 혁명적 폭력, 심지어 공포를 통해 탄생한 것이다.

이상주의와 달리 마르크스주의는 혁명적인 미래를 미리 구현하기 시작할 수 있다고 보지 않는다. 혁명이 계급사회의 산물이고 따라서 혁명도 그 흔적을 지닌다는 점을 명확하게 알고 있기 때문이다.

실용주의자의 목적과 수단

이상주의 윤리와 대조되고 흔히 마르크스주의 윤리와 혼동되는 것이 실용주의 윤리다. 실용주의 윤리는 윤리 규범을 위한 준칙으로서 영구불변의 진리에 기대지 않고, 행위의 결과에 따라 판단한다. 실용주의 윤리에서 행위자의 동기와 의도(선의냐 악의냐)는 중요하지 않고, 행위의 객관적 결과나 효과, 영향이 중요하다(아래에서 보겠지만, 마르크스주의자는 둘을 분리하지 않고 연결하는 끈을 제시한다).

실용주의 윤리는 목적이든 수단이든 양심이나 윤리 관념, 영원한 진리 따위로 정당화될 수 없고 오직 실제 결과로만 정당화될 수 있다고 본다. 수단의 좋고 나쁨은 오직 그 실효實效로만 판단해야 한다는 것이다.

그래서 실용주의 철학자 존 듀이는 착취가 결과적으로 노동계급의 생산물 일부를 탈취하고, 노동계급을 억압하므로 그릇된 일이라고 봤다. 또, 폭력은 (불가피한 경우가 아니라면) 그 결과가 유익하지 않고 유해하므로 나쁘다고 봤다.

그렇지만 결과에 관심을 집중하느라 폭력의 원인이 착취와 이를 위한 억압이고, 착취의 원인이 자본 간 경쟁이라는 점을 놓치면, 착취와 폭력 비판은 추상적 훈계에 불과하게 된다. 그리고 이런 도덕주의적 설교는 폭력의 사회적 원인에 대한 유물론적 인식과 진정한 해결책 발견을 방해한다.

실용주의 윤리에 근거한 듀이의 폭력 비판, 혁명 비판에 맞서 트로츠키는 노동계급 혁명이라는 '폭력'(수단) 말고는 거짓과 폭력이 필요 없는 자유롭고 평등한 사회(목적)를 이루는 것이 불가능하다는 점을 설명한다.

실용주의 윤리는 또한 목적과 수단을 분리하면서, 목적이 수단을 정당화한다고 본다. 그러나 알래스데어 매킨타이어가 "이성의 질곡에서 벗어나기"(1960)에 썼듯이, "목적과 수단의 기계적 분리는 인간 해방이 아니라 인간 조종에 적합하다." 그래서 미래의 이상향을 제시하며 현재의 야만 상태를 정당화하는 구실을 할 수 있다. 스탈린주의자들이 이런 식으로 옛 소련 체제와 현 북한 체제를 합리화하(했)고, 자유주의자들과 주류 사회민주주의자들은 이런 식으로 자본주의와 그것의 단편적 개혁을 합리화한다.

마르크스주의자의 목적과 수단

지금까지 봤듯이, 언제나 목적이 수단을 정당화하는 것(실용주의)도 아니고, 언제나 목적과 수단이 일치해야 하는 것(이상주의)도 아니다. 그렇다면 마르크스주의자가 사용해도 되는 수단과 사용해서는 안 되는 수단이 있다는 뜻일 것이다.

어떤 수단이 허용되고 어떤 수단이 불허되는지 그 기준은 무엇인가? 달리 말해, 똑같은 행위(또한 행위자)에 대한 모순된 판단이 공존하는 상황에서 확실한 윤리 규범이 있을 수 있을까?

그런 상황에서 마르크스주의자는 판단을 그저 양심에 맡길 수 없다. 양심은 자본주의 사회 속에서 자라면서 옳고 그름을 혼동해 온 과정을 반영하기 때문이다. 뭔가 객관적 근거가 있어야 한다. 고전적 마르크스주의는 그런 근거가 아래로부터의 사회주의, 즉 노동계급 자력 해방 투쟁이라고 주장한다. 이하에서 이 점을 설명하고자 한다.

노동자들이 그들의 필요(임금 인상, 노동·생활 조건 개선)를 위해 싸우면, 공동으로 행동하는 것 자체도 그들에게 필요하고 간절히 바라는 것이 된다. 노동자들의 집단적 투쟁으로 나타날 노동자 연대가 노동자들의 필요이자 욕구가 되는 것이다.

노동자 투쟁에 참가하면서 노동자 연대를 위해 애쓰는 사회주의자들과 노동운동가들은 그 속에서 필요에 따른 삶과 가치에 따른 삶의 통일을 느낄 수 있고, 필요와 가치가 충돌하는 상황(즉, 소외)의 극복을 위해 조직할 줄도 알게 된다.

바로 이 과정에서 선악善惡과 정사正邪를 구별할 확고한 근거와 개인 행동의 판단 기준도 세울 수 있다. 특히, 개인주의가 어떤 경우는 유쾌한 개성 만끽인 반면 어떤 경우는 단체 활동 혼란이나 투쟁 교란의 원인인지를 배워 갈 수 있다.

이런 과정으로부터 형성되는 윤리, 즉 마르크스주의 윤리는 노동계급의 필요와 투쟁에서 등장한다는 점에서 '내재적'이고, 노동자와 인류의 현재 삶을 넘어 새로운 가능성을 낳는다는 점에서 '초월적'이다. 또한 이런 과정은 괴리됐던 '존재'와 '당위'가 통일되는 과정이라고도 할 수 있다.

요컨대 노동계급 자력 해방 투쟁이야말로 정당한 목적과 정당한 수단을 연결하는 확고한 끈이 될 수 있다. 이상주의에도 실용주의에도 빠지지 않게 해 주는 지침 말이다.

그래서 노동계급을 분열시키는 수단(가령 중상모략과 음해 등)은 비윤리적이라고 트로츠키는 강조한다.

> 혁명적 프롤레타리아를 결속하고, 그들의 마음을 억압에 대한 화해할 수 없는 적개심으로 채우며 … 자신의 역사적 사명을 자각하도록 격려하고 … 용기와 자기희생 정신을 발휘하도록 북돋는 수단, 오로지 그런 수단만이 허용되고 필수적이다.
> 바로 여기서 모든 수단이 허용되는 건 아니라는 결론이 도출된다. … 위대한 혁명적 목적은 노동계급의 한 부분과 다른 부분을 반목케 하거나 … 대중의 자신감과 자기 조직에 대한 믿음을 떨어뜨리는 … 비열한 수단과 방법은 거부한다.

노동계급 자력 해방과 이를 위한 노동자 연대. 바로 이것이 마르크스주의자에게 각각 목적과 수단인 것이다. 물론 노동자 연대는 당면한 구체적 상황 속에서는 그 자체로 목적이기도 하다. 그리고 노동계급 자력 해방은 인류 해방이라는 최종 목적에 대해서는 수단인 것이다.

《그들의 윤리, 우리의 윤리》를 알기 쉽게 풀어 설명함

트로츠키의 《그들의 윤리, 우리의 윤리》는 군자인 체하는 자유주의자들의 윤리를 혁명적 마르크스주의 관점에서 날카롭게 비판한 저작이다. 이 책이 쓰여진 때는 모스크바 재판이 한창이던 1938년, 스탈린 체제의 끔찍한 실상이 일부 드러나던 때였다. 1936년부터 시작된 모스크바 재판은 스탈린의 유혈 숙청을 정당화하기 위한 여론 조작용 재판이었다. 당시에 자유주의자들은 스페인과 프랑스, 미국 등지의 혁명이나 계급투쟁 분출에도 불구하고 마르크스주의 쪽으로 좌경화하기는커녕 오히려 꾸준히 우경화하고 있었다. 그들의 우경화는 1950년대에는 우르르 몰려가는 수준으로 가속된다.

트로츠키는 1930년대 내내 스탈린 체제의 참상을 좌파에 경고하면서 십년 동안 홀로 싸웠다. 그는 무시당하고, 매도당하고, 심지어 망명하는 나라마다 따라다니는 소련 보안경찰의 괴롭힘을 당했다. 그도 잘 알고 때로는 자기 저작에서 언급했듯이, 스탈린이 보내는 히트맨(암살자)들이 그를 바싹 추격하고 있었다. 결국 1940년 그는 그런 암살자의 하나이자 당시 소련 보안경찰 NKVD(내무인민위원부) 요원 라몬 메르카데르에 의해 멕시코 망명지에서 살해당한다.

당시 서구 자유주의자들은 자기 국가가 소련과 동맹 관계를 맺고 있었으므로 스탈린과 소련 체제의 만행을 모르는 척하고 있었다. 1934년 가을부터 냉전 시작 때까지 약 12년 동안 스탈린의 소련 공산당과 각국 공산당들은 인민전선이라는 이름의 정책을 추구했는데, 이 정책에 따르면 전 세계의 공산당들은 소련의 민간외교 사절이나 소련의 국경수비대 구실을 해야 했다. 자유주의자들은 공산주의자들을 처음에 약간 경계하다가 이내 우호적으로 대했고, 소련을 외교상의 우방으로 여겼다. 이제 트로츠키가 피에 굶주렸거나 정신 나간 몽상가로 여겨졌고, 스탈린보다 더 사악한 인물 취급을 받았다. 사실, 레닌과 함께 10월 혁명을 이끈 게 트로츠키였고 혁명 직후 내전에서 적군 사령관으로 활약한 게 트로츠키였다는 점을 고려하면 이런 반응은 예측할 수 있는 것이었다.

트로츠키는 《그들의 윤리, 우리의 윤리》에서 볼셰비키가 '비윤리적'이라는 자유주의 지식인들의 비난을 논박한다. 그는 먼저, 이들의 설교가 이들의 중간계급 기반과 관계있다고 지적한다. 중간계급은 지배계급과 노동계급의 투쟁의 본질에 관해 진정으로 인식하는 게 별로 없다 보니 양비론을 취하기 십상이다. 특히 '국민'이나 '시민' 운운하며 계급 간 충돌의 예각을 무디게 만들려고 애쓴다. 그러면서 위대한 역사적 운동에 대한 무지, 본질적으로 보수적인 사고, 우쭐해 하면서도 옹졸함, 정치적 비겁함 등의 모습을 보인다. 또한 연구실과 도서관의 학술 서적과 학술지, 상식 등과 함께 평화를 누리도록 역사가 자기들을 그냥 놔두기를 바란다. 1920~1930년대 같은 격동기에는 그게 거의 불가능한데도 말이다. 혁명과 반동 사이에서, 차르 체제와 볼셰비키 체제 사이에서, 사회주의와 파시즘 사이에서, 스탈린주의와 트로츠키주의 사이에서 친중간계급 자유주의자들은 생각이 짜증스러울 정도로 자꾸 바뀌고 흔들리면서 둘 다 똑같다며 당혹해 한다.

자유주의 지식인들의 비난은 볼셰비키가 "목적은 수단을 정당화한다"는 예수회의 악명 높은 금언을 따르고 있다는 점을 근거로 삼았다. 트로츠키의 논박은 여러 측면으로 제기됐는데, 그중 하나는 역사적 비방에 맞서 예수회를 (다소 농담조로) 변호하는 것이었다. 목적이 수단을 규정('정당화'보다 정확한 용어)하는 것은 맞다. 트로츠키는 당시에 잘 알려진 테러 사건을 (그의 다른 글에서) 예로 든다. 1938년 한 유대인 청년(헤르셸 그린스펀)의 나치 외교관(에른스트 폼라트) 암살 사건이 그것이었다. 이 사건을 윤리적 측면에서 비난할 수는 없다. 그렇지만 그 암살로 제3제국은 전혀 약화되지 않았다. 사실 그 사건을 계기로 나치는 그해 11월 9~10일 독일 전역에서 유대인 대학살을 자행했다(이른바 Kristallnacht, 즉 "깨진 유리의 밤"). 이 사건들은 개별적 테러가 윤리적으로 비난받을 만한 일은 아닐지라도 정치적 효과는 없거나 아니면 아예 역효과일 수 있다는 점을 보여 준다. 한편 마르크스주의의 목적은 노동계급의 승리와 이를 통한 인간 해방이다. 따라서 목적은 수단을 규정한다. 즉, 노동계급의 해방은 스스로 이룩해야 한다.

공리주의 윤리와 마르크스주의 윤리

트로츠키는 친자본주의 윤리학도 비판한다. 그는 윤리적 딜레마에 빠져 본 사람이라면 낯익은 이슈들을 다룬다. 가령 십계명이나 칸트가 말한 "정언명령" 또는 "양심의 절대 무조건적 도덕률" 같은 보편적인 도덕률을 우리가 따르려 한다면 명백한 문제들에 부딪히게 된다. 살인하지 말라는 말은 옳은 말인 듯하지만 정당방위라면 얘기가 달라진다. 또한 1980년 5월 광주

항쟁의 시민군은 살인자들이 아니었다. 이렇게 무조건성·절대성이 통하지 않는데도 많은 사람들이 보편 윤리를 받아들이는 까닭은 계급 지배를 정당화하는 전통의 일부로서 그런 관념을 물려받았기 때문이다. 살인하지 말라는 명령은 피지배자들을 향한 것이다. 아프가니스탄에 병력을 증파하고 한반도 주변에서 군사주의 경쟁을 벌이고 있는 제국주의자들을 향한 것은 아니다.

무조건적·절대적 도덕률보다 그럴듯하게 들리는 것으로, "최대 다수의 최대 행복"이라는 표어로 요약되는 공리주의 윤리가 있다. 벤담의 공리주의 윤리는 에릭 홉스봄이 말한 "이중혁명", 즉 프랑스 혁명 및 산업혁명과 동시대 산물이다. 그래서인지 무조건적·절대적 도덕률보다 덜 이상론적으로 느껴진다. 그렇지만 자본가계급은 19세기 초에 리카도의 노동가치론과 함께 공리주의도 버리고 다시 종교와 그 절대적 도덕으로 돌아갔다. 물론 공리주의도 사고의 출발점을 개인으로 잡는다. 그렇다면 수많은 개인들의 행동 각각에서 비롯하는 인과 사슬을 도대체 어떻게 계산할 수 있을까? 진부한 사례를 들면, 물에 빠진 아이를 구했는데 걔가 나중에 연쇄살인범이 될 줄 어떻게 알겠는가?

벤담이 보기에, 행동의 결과들을 정확하게 판단하는 것은 보통 사람들보다 '더 우월한' 소수 지배계급의 몫이다. 그리고 그들이 소유한 공장은 전 인류에 좋은 것이다. 트로츠키는 공리주의가 말하는 '최대 행복'은 실제로는 다수가 아니라 소수를 위한 것이라고 지적한다. 공리주의 윤리의 사각지대는 벤담 자신에게도 천대를 받았다. 가령 재소자들을 위해 그가 한 일은 교도소들을 설계한 것이었다.

계속해서 트로츠키는 이렇게 주장한다. 그런 체제는 강제력만으로는 유지되지 못한다. 도덕이라는 접착제가 필요하다. 이를 생산하는 것이 바로 도학자道學者와 윤리학자들이다. 이들은 모든 무지갯빛을 가지고 놀지만, 결국 계급사회에 항복하라고 전도한다. 그러나 도학과 윤리학으로는 역사 속에서 작용해 온 힘들을 분석하고 사회 전체를 이해할 수 없다. 사회를 명확하게 알아야 비로소 사회가 지금 나아가고 있는 방향과 사회가 장차 달리 나아갈 수도 있는 방향을 이해할 수 있다. 역사를 돌아보면, 지배자들에 의한 천대와 억압이 있었음을 알 수 있지만, 계급들 간의 투쟁이 끊이지 않고 일어났음도 알 수 있다. 특히, 지금 자본주의를 지배하는 자들도 과거에는 자본주의 이전 사회의 지배자들과 생사를 건 쟁투를 벌인 적도 있다는 사실을 알 수 있다. 이는 자본주의 체제는 옛날부터 있던 게 아니거니와 영구히 존속할 것도 아니라는 뜻이다.

이런 역사 전개 방향과 가능성을 아는 마르크스주의자들에게는 목적과 목표가 있다. 인간 해방과 노동계급 자력해방 말이다. 이를 성취하기 위한 수단은 마련돼야 하는데, 바로 혁명적 사회주의 정당이다. '그들의' 윤리와 대비되는 '우리의' 윤리는 이 과제로부터 도출된다. 만일 어떤 행동이 이 과제를 방해한다면 그것은 우리에게는 윤리적이지 못한 것이다.

방해한다고까지 말할 수는 없어도 사회주의 운동과 경쟁하는 운동 또는 행동이 있다(경쟁 관계이므로 때때로 방해하기도 한다). 테러는 노동계급을 대체한 소수 정예가 개인들을 타깃으로 삼고 모의를 통해 조직하는 군사 행동이다. 개혁주의는 노조 지도자들이 배출한 소수 의원들이 노동계급을 대신해서 하는 개혁 입법 운동이다. 스탈린주의는 지배 국가관료의 정당인 공산당이 노동계급을 대표한다고 자처하며 노동계급을 억압·착취하는 사회체제 또는 그 체제를 방어하는 운동이다.

이 상이한 세력들에는 자기 나름의 윤리가 있다. 마르크스주의 윤리와는 일부 공통되기도 하고 일부 상반되기도 한다. 트로츠키는 이 경쟁 윤리들 가운데 특히 자유주의자들의 윤리를 주로 다룬다. 그런데 트로츠키의 시대와 달리 오늘날 개혁주의(주류파)의 윤리는 트로츠키가 그것과 씨름하던 시대의 자유주의적 윤리와 그다지 다르지 않다. 트로츠키의 이 책은 오늘날 개혁주의자들의 윤리를 이해하는 데 도움이 될 수 있을 것이다.

마지막으로, 이 책을 번역하는 데 도움을 주신 분들에게 이 글을 빌려 고마움을 표하고 싶다. 번역어 선택에 도움을 주신 서울대학교 철학과 황경식 명예교수님과 존 듀이의 글을 감수해 주신 서울대학교 기초교육원 이유선 교수님께 특별히 감사 드린다.

이 책이 연대의 원칙과 윤리가 확립되는 데 일조하면 옮긴이로서 더할 나위 없이 기쁠 것이다.

해제 2

마르크스주의 윤리의 근본 원칙

크리스 하먼

지난달 초 영국의 주류 정치인과 언론이 일으킨 도덕주의 물결에 많은 사람이 역겨움을 느꼈을 것이다.

보수당 정부는 가난한 사람들한테 돈을 빼앗아 부자들에게 주고, 극빈자들을 길바닥에 버려두고, 쿠웨이트에서 바그다드로 피난 가던 민간인 수천 명을 폭격해 학살하고,* 몰래 무기를 팔아먹고, 부패한 의원들을 감싸고, 탄광을 폐쇄해 지역사회들을

출처: Chris Harman, "Where's the moral?", *Socialist Review* 203(December 1996). 크리스 하먼은 영국 사회주의노동자당(SWP) 지도자였다. 국내에 번역된 책은 《민중의 세계사》, 《좀비 자본주의》, 《마르크스주의란 무엇인가?》 등 20여 권이 있다.

* 1991년 걸프전 때 미군과 영국군은 쿠웨이트에서 이라크로 퇴각하던 이라크군과 친이라크계 피난민을 고속도로에서 가로막고 폭격해 수천 명을 죽였다.

통째로 파괴했다. 그런 정부가 뻔뻔스럽게도 학교에서 '시민 의식'을 가르치라고 주문한 것이다. 학생들은 도둑질하거나 주먹다짐하거나 거짓말하지 말고, 옆 사람과 사회를 보살피라면서 말이다!

또 야당인 노동당 지도부는 재정지출이 늘어나서는 안 된다며 긴축정책에서 벗어나기를 한사코 거부해 왔다. 노동당 지도부는 [이번] 도덕주의 소동에 동참했을 뿐 아니라 가난한 사람들한테 '권리'만 내세우지 말고 '의무'를 다하라고 설교하기까지 했다. 부자들한테는 노동당이 집권해도 증세는 없을 거라고 안심시키면서 말이다.

보수당과 노동당 둘 다 국가권력을 갈수록 권위주의적으로 사용해 사람들의 삶을 단속하려고 윤리를 들먹였다. 아동과 청소년의 야간 통행을 금지하는 것, 부모한테 숙제를 감독하고 학부모회에 참석하고 학교 방침에 따라 자녀를 훈육하겠다는 동의서를 쓰게 하는 것, 교사의 복장을 규제하는 것, 실업수당을 받으려면 미리 '인생 계획'을 제출하게 하는 것, '반사회적' 주민에 대한 경찰 개입을 강화하는 것, 공공장소에서 음주를 금지하는 것, 학교에서 퇴학 처분을 늘리고 소년범을 '신속 처리 재판'에 넘기는 것 등.

당연히 사회주의자의 출발점은, 새로운 권위주의적 윤리에 맞선 대중의 반감을 분명히 표현하고 시민적 자유를 주장하는 소수의 자유주의자들과 한편에 서는 것이다. 윤리에 관한 얘기들이 부자와 권력자가 아니라 빈민과 피억압자를 겨냥한 속임수임을 이해하기 때문이다. 도덕주의 소동의 의도는 사회적 병폐를 바로잡는 것이 아니다. 오히려 중간계급과 '존중받을 만한' 노동계급 사람들에게, 그런 병폐를 저지르는 것은 이른바 '최하층'이며 이들의 반사회적 행동을 엄격히 단속해야 한다는 생각을 심으려는 것이다.

그러나 사회주의자의 주장은 여기서 그치지 않는다. 사회주의자는 언론과 주류 정치인이 권위주의적 편견을 감추려고 윤리라는 말을 사용할 뿐 그들이야말로 아주 비윤리적이라고 주장한다.

언론과 주류 정치인 자신들의 행동이 사회에 악영향을 미친다. 몇몇 독자들은 다음과 같이 항변할지도 모르겠다. "어떻게 그런 얘기를 할 수 있지? 마르크스, 엥겔스, 레닌, 트로츠키는 추상적 윤리에 관해 말하는 것을 항상 비난하지 않았는가?"

분명 그들은 추상적 윤리를 논하는 것을 비난했고 그것은 옳았다. 윤리 기준은 역사와 사회 바깥에서 생겨나지 않는다. 윤리 기준은 사회마다 달라서, 어떤 사회에서는 '나쁜' 것이 다른 사회에서는 용인될 수 있다.

오늘날 우리 사회의 윤리 기준은 사회적 지위에 따라서도 달라진다. 그래서 살인은 나쁘다고 여겨지지만, 각료 회의나 최고

사령부에서 결정돼 군복 차림의 남녀가 저지르면 더는 나쁜 것이 아니다. 도둑질은 잘못이지만, 추위를 쫓고 싶어 연료가 필요한 사람들한테 '부가가치세'라는 이름으로 빼앗으면 잘못이 아니게 된다.

추상적 도덕("모든 살인은 잘못이다", "모든 폭력은 잘못이다", "모든 거짓말은 잘못이다")을 판단 기준으로 삼는 사람들은 결국 이런 위선을 받아들이든지(우익 윤리 주창자처럼), 아니면 기존 사회의 해악에 반대하는 투쟁에서 손을 떼든지(왜냐하면 그런 투쟁은 '비윤리적' 수단도 필요하기 때문에) 선택할 수밖에 없다.

그러나 마르크스, 엥겔스, 레닌, 트로츠키는 상황에 따라 사람들한테 도의적 의무가 있다는 점을 조금도 의심하지 않았다. 자신이나 가족에게 어떤 압력이 들어오더라도 파업 파괴 행위를 해서는 안 되는 의무, 투쟁에서 동지를 배신해서는 안 되는 의무, 연대를 보여야 할 의무, 사리사욕을 위해 '변절'해서는 안 되는 의무, 소수 인종이나 종교를 희생양 삼는 것에 저항해야 할 의무가 그것이다.

핵무기로 세계를 파괴하려는 위협, 인종차별과 성차별 조장, 가스실과 강제수용소, 이윤 추구를 위해서라면 기꺼이 사람들의 삶을 파멸시키는 것 등을 두고서, 자신의 물질적 이해관계 때문만이 아니라 그 자체로도 잘못이기 때문에 반대해야 한다는 생각이 들지 않는다면, 오늘날 사회주의자가 될 사람은 거의 없을 것이다.

1840년대 중엽에 마르크스 자신이 처음 사회주의자가 된 것도 바로 그런 '윤리적' 관심 덕분이었다. 마르크스의 출발점은 인간이 어떻게 진정한 '자유'를 얻을 수 있는지, "천대받고 버림받고 경멸받는 노예 상태가 되게 만드는 모든 조건을 뒤엎기 위해" 어떻게 자연과 사회제도를 의식적으로 통제할 수 있는지에 대한 관심이었다.

이런 '자유'는 부르주아 자유주의자들의 믿음과 달리 그저 절대주의 국가나 제도 종교 같은 억압적 사회구조를 없앤다고 얻을 수 있는 것이 아니다.

인간은 본성상 사회적 존재다. 우리를 둘러싼 세계에서 다른 사람들과 협동하지 않으면 아무도 생계를 유지할 수 없다. 기쁨, 느낌, 감정은 모두 사회적인 것이며 폭넓은 공동체의 일부인 다른 사람들과의 상호작용에 영향받는다. 그러나 부르주아 사회는 제아무리 형식적 자유를 많이 부여한다고 한들, 시장에서 상품을 사고파는 것에 기초를 둔 관계 말고는 사람들 사이의 모든 유대를 파괴해 인간성을 말살한다.

마르크스 이전에 철학자 헤겔은 이처럼 순전히 자유주의적인 접근법에 담긴 약점을 (다소 신비스러운 방식으로나마) 이미 간파했다. 자유주의는 인간이 시장을 통해 원자화된 방식으로 상호 관계를 맺는다고 봤다. “만인의 만인에 대한 투쟁” 속에서 개인의 자유는 다른 사람의 자유에 의해 끊임없이 침식당한다. 따라서 아무도 자신이 원하는 것을 성취할 수 없다.

헤겔은 만년에 이런 통찰에서 보수적 결론을 이끌어 냈다. 헤겔은 시장이 제공하지 못하는 공동체적 삶의 요소가 주어진다면 중간계급 자유주의가 사람들에게 진정한 자유를 줄 수 있다고 주장했다. 그는 이 요소가 국가일 것이라고 했다. 국가를 적절히 구성하면 부정적 자유가 긍정적 자유가 되도록 사람들의 권리와 의무를 조화시킬 수 있다는 것이다.

흥미롭게도 노동당 지도자 토니 블레어가 권리와 의무를 놓고 상투적 훈계를 장황하게 떠벌린 것은 19세기 말 영국에서 헤겔을 몹시 보수적으로 해석한 철학 전통에 바탕을 둔다. 이 전통은 국가가 모든 윤리적 가치의 보고寶庫이므로 사람들이 국가의 권위에 기꺼이 복종해야 한다고 여겼다.

그렇지만 마르크스는 헤겔의 통찰을 다른 쪽으로 발전시켰다. 국가는 사회를 초월해 있지 않을뿐더러 원자화된 시장 조건이 진정한 공동체적 유대를 파괴하고 개인의 자유를 침해하는 것을 결코 무력화하지도 못한다. 마르크스가 썼듯이 국가는 소외(인간 행동의 산물이 인간성을 말살하고 삶을 억압하는 것)를 없앨 수 없다.

게다가 국가는 어떤 추상적 실체가 아니다. 국가는 특정 사회

집단이 통제한다. 국가권력은 사람들을 더욱 억압하고 소외를 심화하는 데 쓰일 뿐, 사람들을 해방하지 않는다. 국가와 국가를 뒷받침하는 종교 제도는 모두 추상적이고 냉혹하고 케케묵은 행동 규범을 사람들한테 외부에서 부과하려 애쓴다. 이런 규범은 오로지 계급 분화와 그것이 낳은 자유 박탈을 신성화하는 데 이바지한다.

계급이 없던 사회에서 윤리적 용어들(선, 정직, 고결)은 사람들이 협력적 노동과 그와 더불어 발전하는 사회생활에서 혜택을 입으려면 서로 어떻게 관계 맺어야 하는지를 설명했다. 그러나 계급사회가 등장하자, 각 계급은 그 용어들을 자기 나름대로 해석하게 된다.

지배계급은 사람들이 어떻게 살아야 하는지를 두고 자기만의 견해를 다른 계급들한테 강요하려 한다. 그리하여 '선량함'은 자신의 사회적 지위를 감내하는 것을 뜻하게 됐고, '정직함'은 부자가 더 부유해지도록 두는 것을 뜻하게 됐으며, '고결함'은 개인적 관계들을 특정한 가족 형태에 가두는 것을 뜻하게 됐다. 또 국가는 사회 통합을 꾀할 수 있는 능력을 이용해서, 실상 지배계급이 정한 윤리 기준을 피착취 계급이 받아들이도록 만드는 구실을 한다.

그런 사회에서 '윤리적'인 것과 자유로운 인간 발전을 증진하는 것 사이의 연결 고리는 거의 다 끊어진다. 지배적 윤리는 한편으로 사람들을 억압하는 일련의 규범이 된 나머지, 사람들은 자신의 가장 인간적인 속성 일부에 죄의식을 느끼게 된다. 다른 한편 그런 윤리는 사회적 삶을 조금도 개선하지 못하기 때문에, 사람들이 제멋대로 무시할 수도 있는 너무나 자의적인 가정들로 여겨진다. 따라서 지배적 윤리는 한편에서 죄책감을, 다른 편에서는 순전히 자기중심적인 행동을 만들어 낸다.

그렇다고 해서 윤리관이 언젠가 성취한 적 있는 목표(사람들이 다른 이와 사회적으로 협력해서 자기를 실현하게 한)를 망각할 수는 없다. 자본주의가 비非시장적 인간관계를 죄다 훼손할수록 그런 목표를 성취할 방법을 찾아내려는 노력은 더 중요해진다.

바로 이 때문에 청년 마르크스는, 인간이 해방되려면 오직 새로운 사회 세력이 시장 사회 전체에 도전해서 새로운 협동적 사회질서의 전망을 제시해야 한다고 주장했다. 오로지 "모든 계급을 해체할 계급, 그들이 겪는 고통이 보편적이라서 보편성을 지니는 사회 계급"만이 이런 세력을 이룰 수 있다. 마르크스가 노동계급을 자본주의 전복에 꼭 필요한 행위자로 여긴 것은 정확히 이것 때문이었다.

예부터 윤리학자들은 윤리 문제의 해답을 찾으려 노력해 왔지만, 이제 마르크스는 이것을 어떻게 노동계급 투쟁을 전진시켜 자본주의에 맞설 것인가 하는 실천의 문제로 제기했다. 그래야만 마르크스와 엥겔스가 《공산당 선언》에 썼듯이, "각자의 자유로운 발전이 모든 사람의 자유로운 발전을 위한 조건이 되는 참으로 인간적인 사회"를 건설할 것이기 때문이다.

마르크스에게 무엇보다 중요한 것은 개인의 사사로운 행동이 아니라 사회 세력 사이의 투쟁이며, 개인의 도덕성 제고가 아니라 좋은 사회를 세우려는 투쟁이었다. 그리고 이 투쟁 속에서 도덕주의의 언어는 흔히 지배계급이 자기들에게 반대하는 사람을 속박하려고 사용한 말이었다. 지배계급에 반대하는 도덕주의자들조차 할 수 있는 것이라고는 개인적 행위에 관해 설교하는 것("사회를 바꾸기 전에 자신부터 바꿔야 한다")뿐이었고, 그 결과 사람들의 관심이 자신을 향하도록 만들고 계급투쟁과는 동떨어진 쪽으로 나아가게 했다.

그와 반대로 노동계급 투쟁의 진정한 발전은, 실로 협동적이기에 실로 인간적인 사회의 가능성을 나타내는 그런 종류의 가치들을 만들어 내기 시작한다. 그런 투쟁들은 시장을 통한 원자화된 관계와 달리, 연대와 상호부조, 재능 공유, 협동적 노력이라는 개념을 제시한다.

이런 새로운 가치와 치열한 자본주의 경쟁이 낳은 가치 간의 대립 때문에, 기존 사회를 유지하려 하거나 출세욕에 불타 투쟁을 저버리는 사람들을 겨눈 마르크스주의적 비판에 윤리적 차원이 생겨난다. 마르크스 시대에 그런 보수주의자들은 참으로 협동적이고 인간적이며 가치 있는 삶의 가능성을 부정하는 사회가 유지되도록 도왔다. 오늘날 그런 자들은 더욱 악랄한 짓을 하고 있다. 그들은 핵전쟁이나 생태계 파괴로 인간 생존의 토대 자체를 위협하는 체제를 옹호하고 있다. 그들의 윤리 기준은, 그들이 체제를 전복하려 하지 않고 고착화하려 든다는 바로 그 점 때문에 비윤리적이다. 이런 점에서 마르크스주의는 추상적 도덕주의는 거부하지만 자신과 타인의 행위를 판단하는 데 필요한 규범은 제시한다.

1930년대 중엽에 트로츠키가 [《그들의 윤리, 우리의 윤리》에서] 지적했듯이, 목적은 "그것이 자연에 대한 인간의 통제를 강화하고 인간에 대한 인간의 지배를 폐지하게 한다면" 정당하다.

이런 목적을 달성하려면 기존 사회의 도덕주의자들을 당혹스럽게 할 수단들이 필요할 수도 있다. 가령, 반대편의 폭력을 무력화하기 위해 물리력을 써야 할 수도 있고, 계급의 적을 상대로 속임수를 써야 할 때도 있다. 반면, 이런 목적과는 양립할 수 없기 때문에, 즉 계급 지배에 바탕을 둔 비인간적 사회를 유지하는 데 이바지한다는 점에서 사회주의 윤리와는 모순되기 때문에 우리가 거부해야 하는 수단들(기존 사회의 도덕주의자들은 흔히 '정당하다'고 여기는)도 있다.

트로츠키는 다음과 같이 주장했다.

> 혁명적 프롤레타리아를 결속하고, 그들의 마음을 억압에 대한 화해할 수 없는 적개심으로 채우며 … 자신의 역사적 사명을 자각하도록 격려하고 … 용기와 자기희생 정신을 발휘하도록 북돋는 수단, 오로지 그런 수단만이 허용되고 필수적이다.
>
> 바로 여기서 모든 수단이 허용되는 건 아니라는 결론이 도출된다. … 위대한 혁명적 목적은 노동계급의 한 부분과 다른 부분을 반목케 하거나 … 대중의 자신감과 자기 조직에 대한 믿음을 떨어뜨리는 … 비열한 수단과 방법은 거부한다.

허용할 수 없는 수단에는 노동계급을 무지 속에 방치하는 것, 한 부문을 다른 부문과 분열시키는 것, 억압자들에 대한 분노를 소수집단 희생양 삼기로 돌리는 것, 노동계급의 국제적 힘을 약화시키는 것 등이 포함된다. 사실상, 노동계급이 "보편적 계급"으로 발전할 수 있는 능력을 훼손하는 것은 무엇이라도 허용되지 않는다.

따라서 원칙에 따라 배제해야 하는 수단은 강제수용소, 핵무기, 인종차별과 성차별, 소수민족 혐오, 포르노, 대중을 속이는 일, 지도자 숭배 확립하기 등이다. 노동계급 혁명을 향한 투쟁은 노동자들이 이런 일들을 무심코 해 보거나 받아들이도록 부추기는 모든 것에 맞서는 투쟁이기도 하다.